Tragedia y la Esperanza 101

La Ilusión de Justicia, Libertad, y Democracia

Joseph Plummer
Introducción de G. Edward Griffin

ISBN: 9798873691258
Brushfire Publishing, Grafton, OH

Agradecimientos

En primer lugar, quiero manifestarte mi agradecimiento por invertir tu tiempo y tu dinero en investigar (y resistirte) acerca de la delincuencia corporativa y auspiciada por el gobierno. Sin gente como tú, el mundo sería un lugar muy feo.

En segundo lugar, quisiera agradecer a todos los autores que han contribuido con éste ámbito del conocimiento. Desde Quigley, Kissinger, Bernays y Russell, hasta Griffin, Ganser, Allen y Engdahl; éste libro no hubiese sido posible sin su trabajo.

Y, por último, pero no por ello menos importante, me gustaría agradecer a los siguientes por su contribución financiera a éste proyecto:

Eric Ferland
David Pfaff
Home of The Berkey Guy - GoBerkey.com
Thrive Movement - ThriveMovement.com
Neal Fox, The Conspiracy Project
Kenneth Pollinger, Ph.D. AwarenessCenters.com
Perry Clark

Tabla de contenidos

Introducción

Por G. Edward Griffin

Si alguna vez ha visto de cerca a un ilusionista hacer magia, entonces conoce el poder de la distracción y la prestidigitación. Incluso en una habitación llena de observadores suspicaces y atentos, el ilusionista es capaz de engañarlos a todos. Explotando las debilidades conocidas de la mente humana y mediante el empleo de los trucos del oficio, logra engañar al público sin importar que este quiera ser engañado o no.

Imagínese lo que podría lograr una "red" de ilusionistas políticos igual de talentosa. Actuando frente a una audiencia compuesta en su mayoría de confiados observadores casuales, aprovechándose de las debilidades conocidas de la mente humana, y empleando los trucos del oficio, ellos también engañan al público, quiera este ser engañado o no.

Después de haber pasado cerca de sesenta años de mi vida investigando y escribiendo sobre los ilusionistas que controlan nuestro mundo, puedo decir sin titubear que usted está a punto de enterarse de algunos de sus más ocultos secretos. Joe ha hecho un trabajo excepcional escardando a través del libro de Carroll Quigley, Tragedy & Hope. Él ha capturado la esencia de lo que Quigley llama "la Red" y ha hecho que esta importante información sea asequible para la persona promedio, que sencillamente no tiene el tiempo para leer un libro de historia de 1.300 páginas. Incluso para aquellos que estén dispuestos a leer todo el tomo, Joe ha creado una guía de introducción y estudio que será de mucha utilidad al estudiante serio.

El saber quién fue Carroll Quigley, y de los engaños que él reveló, resulta esencial para comprender el verdadero mundo de hoy en día. Su estrecha relación con la Red y su aprobación de los objetivos de ésta, le hizo posible que proporcionar un análisis desde dentro de las mentes y los métodos de la élite mundial. Sin este conocimiento, las acciones de aquellos que dominan el gobierno de Estados Unidos y el mundo Occidental no tendrían sentido. Con él, todo termina por encajar.

Esté prevenido de que el viaje que está a punto de comenzar no es para pusilánimes. Si usted está cómodo con las ilusiones que en la actualidad llenan la realidad política, este libro no es para usted, porque una vez que descubra cómo los engañadores hacen su magia, la comodidad de la ignorancia ya no será posible. Una vez que se toca la campana, su sonido no puede borrarse.

La campana empieza a sonar en la página siguiente.

CAPÍTULO 1

Democracia

¿Alguna vez ha sentido que la democracia es sólo una ilusión? ¿Alguna vez ha sospechado que hay «gente muy poderosa» que ha creado un sistema que *aparenta* ser democrático, pero que en realidad elimina al ciudadano común del proceso de toma de decisiones? Alguna vez se ha preguntado: "¿Quién está realmente ejecutando las cosas, y qué es exactamente lo que están tratando de lograr?" Si es así, usted no está solo.

Por suerte, un profesor de historia educado en Harvard llamado Carroll Quigley escribió un puñado de libros respondiendo a todas estas preguntas y más. Desafortunadamente, las respuestas son muy preocupantes, sobre todo para aquellos que han aceptado los mitos comunes del "gobierno democrático".

En la obra de Quigley encontramos que las constituciones nacionales se ven normalmente socavadas por los líderes que son elegidos para defenderlas. Nos enteramos de que "todos los instrumentos sociales tienden a convertirse en instituciones", independientemente de su origen benévolo, y, a partir de entonces, la *institución* es manejada en beneficio de quienes la controlan (a expensas de su propósito original).[1]

---

[1] Quigley, Evolution of Civilizations, página 101

1

Tal vez lo más perturbador que revela Quigley, es que el verdadero poder opera entre bastidores, oculto, y con poco que temer de las denominadas elecciones democráticas. Se demuestra que las conspiraciones, sociedades secretas y pequeñas y poderosas redes de individuos no sólo son reales, sino que son extremadamente eficaces en la creación o destrucción de naciones enteras y de la configuración del mundo en su conjunto. Aprendemos que el "gobierno representativo" es, en el mejor de los casos, una estafa cuidadosamente manejada.

Dado que estas inquietantes verdades contradicen a casi todo lo que nuestro gobierno, el sistema educativo y los medios de comunicación nos han enseñado a creer, muchos las rechazarán inmediatamente como algo absurdo "Únicamente los paranoicos teóricos de conspiraciones creen en este tipo de cosas," dirán. Sin embargo, hay un gran problema: Carroll Quigley no era ningún teórico paranoico de conspiraciones. Muy por el contrario, Quigley fue un destacado historiador que se especializó en el estudio de la evolución de las civilizaciones, así como de las sociedades secretas. Estudió historia en la Universidad de Harvard, donde obtuvo su licenciatura, maestría y doctorado. Fue profesor en la Universidad de Princeton, la Universidad de Harvard y la Escuela de Servicio Diplomático de la Universidad de Georgetown. Trabajó como asesor en el Departamento de Defensa de Estados Unidos, la Marina de los Estados Unidos, y el Instituto Smithsoniano.[2]

En resumen, Carroll Quigley era un miembro bien conectado y prestigioso de la sociedad de la Ivy League. Basado en sus propias palabras y su formación como historiador, parece ser que fue elegido por los miembros de una red secreta para escribir la verdadera historia de su ascenso al poder. Sin embargo, como Quigley se dio cuenta

---

[2] *Wikipedia*, Carroll Quigley

más tarde, estos individuos ni esperaban ni se propusieron que él publicara sus secretos para que el mundo entero pudiera verlos . Poco después de la publicación de *Tragedy and Hope* en 1966, "la Red", al parecer, expresó su descontento al editor de Quigley, y el libro que había pasado veinte años escribiendo fue retirado del mercado. Como Quigley describe:

> La edición original publicada por Macmillan en el año 1966 vendió cerca de 8800 copias y las ventas estaban acelerándose en 1968 cuando las copias "se agotaron", como me fue informado (pero en 1974, cuando fui tras ellos con un abogado, me dijeron que habían destruido las placas originales en 1968). Me mintieron durante seis años, diciéndome que iban a volver a imprimir cuando tuvieran 2.000 órdenes, lo que nunca podría ocurrir ya que le decían a todo aquel que preguntaba que la obra estaba agotada y no sería reimpresa. Ellos negaron todo esto hasta que envié fotocopias de tales respuestas a las bibliotecas, a lo que ellos respondieron que era error de un empleado. En otras palabras, me mintieron, y de esa manera me impidieron la recuperación de los derechos de publicación. [Los derechos se revierten al titular del copyright si el libro está *descatalogado*, pero no si el libro está simplemente *agotado* .]... Poderosas influencias en este país quieren que yo, o al menos mi trabajo, sea eliminado.[3]

---

[3] http://en.wikipedia.org/wiki/Carroll_Quigley Carta a Peter Sutherland, Diciembre 9, 1975; reimpresa en *Conspiracy Digest* (Verano de 1976), y reimpresa nuevamente en *American Opinion* (April 1983), página 29

Un libro como ningún otro

Si decide leer *Tragedy and Hope*, lo primero que probablemente note es su tamaño. En más de mil trescientas páginas, aproximadamente seiscientas mil palabras, y con un peso de alrededor de cinco libras, se puede afirmar que no fue escrito para el lector ocasional. Tampoco se ha escrito como una novela, llena de escandalosas e interesantes golosinas conspirativas en cada página. Más bien, como es de esperar de un historiador de la Ivy League, es una lectura larga, y con frecuencia tediosa, de la cual el 95 por ciento se compone de economía básica, política e historia diplomática. Sin embargo, en el otro 5 por ciento, encontrará algunas declaraciones verdaderamente asombrosas sobre la existencia, la naturaleza, y la eficacia del poder encubierto.

Tanto en *Tragedy and Hope* como en *The Anglo-American Establishment*, Quigley revela la existencia de una red secreta que se formó para poner a "todas las partes habitables del mundo" bajo su control.[4]

Tengo conocimiento de las operaciones de esta red porque la he estudiado durante veinte años y, a principios de 1960, se me autorizó a examinar sus documentos y registros secretos. No profeso ninguna aversión a ella o a la mayoría de sus objetivos; durante gran parte de mi vida, he estado cerca de ella y de muchos de sus instrumentos. Me he opuesto, tanto en el pasado como recientemente, a algunas de sus políticas... pero en general mi principal diferencia de opinión es su **deseo de mantenerse en el anonimato**, y creo que su papel

---

[4] *Tragedy and Hope*, página 131

en la historia es lo suficientemente importante para darse a conocer.[5]

Quigley nos dice que esta adinerada "red anglófila" coopera con *cualquier* grupo que pueda ayudarle a alcanzar su objetivo[6] (esto incluye a los comunistas, que, aparentemente, parecerían ser el enemigo declarado de los poderosos conspiradores capitalistas). Él narra cómo la Red se creó a finales de 1800 en Inglaterra y de inmediato comenzó a crear grupos ocultos de apoyo. Para 1919, ya había formado el Instituto Real de Asuntos Internacionales (también conocido como Chatham House), y llegó a crear otros institutos extremadamente poderosos dentro de "los principales dominios británicos y en los Estados Unidos".[7] Ocultándose detrás de estos grupos, la Red comenzó en secreto el ejercicio de su poder.

En los Estados Unidos, el principal instituto fue llamado Consejo de Relaciones Exteriores (CFR), al que Quigley describe como " una fachada para J. P. Morgan y compañía".[8]; En poco tiempo, la Red había ampliado sus operaciones extendiéndose como un cáncer en nuestras universidades, medios de comunicación, y sobre todo en la "política internacional" del gobierno.

Sobre esta base, que fue originalmente financiera y se remonta a George Peabody,[9] surgió en el siglo XX

---

[5] *Tragedy and Hope*, página 950 (A lo largo de este libro, a menos que se indique lo contrario, se ha añadido todo el énfasis en el texto citado).

[6] *Tragedy and Hope*, página 950

[7] *Tragedy and Hope*, página 132

[8] *Tragedy and Hope*, página 952

[9] Mientras estamos en el tema de los grupos ocultos, vale la pena señalar que los intereses de Rothschild probablemente utilizan a Morgan como testaferro. En *The Secrets of the Federal Reserve*, Eustace Mullins escribe en la página 49: "Poco después de llegar a Londres, George Peabody se sorprendió al ser convocado a una audiencia con el rudo Barón Nathan Mayer Rothschild. Sin pelos en la lengua, Rothschild le dijo a Peabody, que a gran parte de la aristocracia de Londres no les gustaban los Rothschild y rechazaron sus

una estructura de poder entre Londres y Nueva York, que penetró profundamente en la vida universitaria, la prensa y la práctica de la política internacional. En Inglaterra, el centro fue el Grupo de la Mesa Redonda, mientras que en Estados Unidos fue J. P. Morgan y Compañía, o sus sedes locales en Boston, Filadelfia y Cleveland.

La sede americana de este "Establecimiento Inglés" ejerció gran parte de su influencia a través de cinco periódicos estadounidenses (*The New York Times,* New York *Herald Tribune, Christian Science Monitor, The Washington Post,* y el tan lamentado *Boston Evening Transcript*). De hecho, el editor del *Christian Science Monitor* era el reportero jefe estadounidense (de forma anónima)... Cabe mencionar que la existencia de este eje Angloamericano de Wall Street es bastante obvio una vez que ha sido señalado.[10]

Si la idea de que poderosos conocedores de Wall Street se unieran extranjera secreta para establecer el dominio sobre todas las "partes habitables del mundo" y penetrar con éxito "en la vida universitaria, la prensa, y la práctica de la política internacional" le suena como algo que usted debió haber escuchado, tiene usted razón. De no haber escuchado sobre esto antes, el secreto está contenido en la historia en sí. (La exitosa "penetración" en las universidades, la prensa y el gobierno ha demostrado ser muy útil para aquellos que desean "permanecer en el anonimato").

---

invitaciones. Propuso que Peabody, un hombre de recursos modestos, fuera establecido como un anfitrión espléndido cuyos entretenimientos pronto serían la comidilla de Londres. Rothschild, por supuesto, pagaría todas las cuentas. Peabody aceptó la oferta, y pronto se hizo conocido como el anfitrión más popular en Londres. No es de extrañar que el anfitrión más popular en Londres también se convertiría en un hombre de negocios muy exitoso, particularmente con la Casa de los Rothschild apoyándolo detrás de las escenas". Quigley reconoce que la Firma Morgan se originó como George Peabody y Compañía (en las páginas 326 y 945 de *Tragedy and Hope*).

[10] *Tragedy and Hope*, página 953

El Instituto de Relaciones del Pacífico (IPR)

Quigley suministra muchos ejemplos de infiltraciones y manipulaciones de la Red. Por ejemplo, en las páginas 132 y 953 de *Tragedy and Hope*, él revela otro "grupo oculto" llamado Instituto de Relaciones del Pacífico (IPR). Debido a que el IPR proporciona información de valor incalculable sobre el carácter engañoso y el verdadero poder de la Red, lo vamos a cubrir brevemente aquí. Vamos a comenzar con el informe final de una investigación del Senado de los Estados Unidos sobre el IPR. Establece, en parte:

> El IPR ha sido considerado por el Partido Comunista de Estados Unidos y por los funcionarios soviéticos como un instrumento de la política comunista, la propaganda y la inteligencia militar. El IPR divulgó y buscó popularizar información falsa incluyendo información procedente de fuentes soviéticas y comunistas... **El IPR fue un vehículo utilizado por los comunistas para orientar las políticas Americanas hacia el lejano oriente hacia objetivos comunistas.**[11]

Para una persona ordinaria, parece una locura sugerir que una red de *capitalistas* súper ricos conspiraba en secreto para alcanzar el control del mundo. Pero suena aún más loco el acusar a estos mismos adinerados *capitalistas* de la utilización de su enorme riqueza y poder para popularizar un sistema de gobierno (comunismo) que, al menos *en teoría*, daría lugar a la destrucción de toda su riqueza y poder. Seguramente, si una historia tan increíble fuera verdad, la prensa libre lo habría gritado a

---

[11] http://en.wikipedia.org/wiki/Institute_of_Pacific_Relations

los cuatro vientos... ¿cierto? Falso. Avancemos un momento y veamos cómo Quigley describió el encubrimiento de la investigación del Senado por parte de los medios de comunicación dirigidos por la Red :

> Pronto se hizo evidente que las personas de inmensa riqueza no iban a estar contentas si la investigación llegaba demasiado lejos y que los "más respetados" periódicos del país, estrechamente vinculados con estos hombres pudientes, no estarían muy emocionados sobre cualquier [revelación] que hiciera que la publicidad valiera la pena, en términos de votos o contribuciones de campaña.[12]

Como esto lo demuestra, la Red comprende totalmente la gran importancia de controlar la opinión pública. Esto también nos da un atisbo de cómo puede hacerlo. (Si una verdad tan inquietante no se informa en un "respetado" canal de noticias, es como si no existiera. La inmensa mayoría de los ciudadanos permanecerán por siempre ignorantes). Además, en este caso concreto, cualquier senador que insista en llevar la investigación "demasiado lejos" seguramente tendría que enfrentar una campaña de desprestigio por parte de la misma prensa que optó por ignorar la historia del IPR. Poco después, la "gente de inmensa riqueza" que ordenó la campaña de difamación podría tomar represalias también en el aspecto financiero; desplazando todas las futuras contribuciones de campaña a un candidato más sumiso.

No hace falta decir que este tipo de *influencia* puede afectar drásticamente la cantidad de atención que un problema recibe en los medios de comunicación. El mérito y la importancia de una historia con frecuencia toman una

---

[12] *Tragedy and Hope*, página 955

posición secundaria de acuerdo a los deseos de aquellos individuos que tienen el poder para mantenerlo en secreto. Es importante decir que tácticas de control similares pueden ser aplicadas también en otras áreas. Tenga presente al leer el siguiente resumen corto sobre las actividades del IPR, que el esquema para dirigir la opinión y la política no ha cambiado.

> En el año 1951, el Subcomité de Seguridad Interna del Comité Judicial del Senado, llamado el "Comité McCarran"… trató de demostrar que China había sido controlada por los comunistas mediante acciones deliberadas de un grupo de expertos académicos en el Lejano Oriente y de compañeros de viaje comunistas cuyo trabajo en esa dirección fue controlado y coordinado por el Instituto de Relaciones del Pacífico (IPR). **La influencia de los comunistas en el IPR está bien establecida, pero el patrocinio de Wall Street es menos conocido.**
> Tanto como la sede del IPR como la del Consejo Americano de IPR funcionaban en Nueva York y estuvieron estrechamente asociadas en una base convergente. Cada una gastó cerca de 2,5 millones de dólares [cerca de $ 30 millones si se ajusta por la inflación] durante el periodo desde 1925 hasta 1950, de los cuales **alrededor de la mitad, en cada caso, provino de la Fundación Carnegie y la Fundación Rockefeller** (que a su vez fueron grupos convergentes controlados por una alianza de intereses de Morgan y Rockefeller en Wall Street). Gran parte del resto… procedía de empresas muy cercanas a estos dos participantes de Wall Street, como Standard Oil, International Telephone and

Telegraph, International General Electric, The National City Bank, y The Chase National Bank.[13]

Sobre la influencia de la Red en la política del Lejano Oriente:

Existe una significativa verdad en la… aseveración de que los expertos americanos en China se organizaron en un grupo único que tenía un consenso general de un personaje de izquierda. También es cierto que este grupo, desde su control de recursos, recomendaciones académicas y oportunidades de investigación o de publicación, **podrían favorecer a aquellas personas que aceptaran el consenso establecido y podrían perjudicar financieramente o en su progreso profesional, a las personas que no lo aceptaran.** También es cierto que el grupo establecido, por su influencia en la reseña de libros en *The New York Times, el Herald Tribune, el Saturday Review*, algunas revistas, incluyendo los "semanarios liberales", y en revistas profesionales, **podría favorecer u obstaculizar la carrera de cualquier especialista. También es cierto que esto fue hecho en los Estados Unidos en relación con el Lejano Oriente por el Instituto de Relaciones del Pacífico, organización que habría sido infiltrada por comunistas y simpatizantes, y que gran parte de la influencia de este grupo surgió a partir de su acceso y control sobre el flujo de fondos de fundaciones financieras a actividades académicas.**[14]

---

[13] *Tragedy and Hope*, página 946
[14] *Tragedy and Hope*, página 935

La adjudicación de puestos de trabajo en el Lejano Oriente requería de aprobación o recomendación por parte de los miembros de IPR. Por otra parte, el acceso a la publicación y recomendación para posiciones académicas en un puñado de grandes universidades norteamericanas interesadas en el Lejano Oriente requerían de un patrocinio similar. Y, finalmente, **no cabe duda de que los trabajos de consultoría sobre asuntos del Lejano Oriente en el Departamento de Estado u otras agencias gubernamentales se limitaron en gran medida a las personas autorizadas por el IPR. Los individuos que publicaban, tenían dinero, encontraban trabajo, eran consultados, y los que fueron nombrados de forma intermitente para misiones gubernamentales eran aquellos que eran tolerantes con la línea del IPR.**[15]

Increíblemente, luego de admitir todo esto, Quigley de alguna manera concluye:

Los cargos... aceptados y que proliferaron por parte de los neoaislacionistas en la década de 1950 y por la derecha radical en la década de 1960, en cuanto a que China estaba "perdida" debido a este grupo, o que los miembros de este grupo fueron desleales a los Estados Unidos, o comprometidos en espionaje, o eran participantes en una conspiración consciente, o que todo el grupo estaba controlado por agentes soviéticos o incluso por comunistas, no son ciertos.[16]

---

[15] *Tragedy and Hope*, página 947
[16] *Tragedy and Hope*, página 935

En defensa de Quigley, la última parte de su declaración es obviamente precisa: el grupo no estaba controlado "por agentes soviéticos o incluso por comunistas" por el contrario, según el propio Quigley, el grupo estaba controlado por una red secreta de individuos que no tenían aversión a cooperar con los comunistas, o cualquier otro grupo, y con frecuencia lo hacían.[17] «¿Pero, acaso éste hecho de alguna manera los exonera de un cargo de "deslealtad"? ¿Cambia la naturaleza de su "conspiración consciente" a fabricar "consenso" sobre la política de Estados Unidos hacia China? ¿Reduce su impacto sobre el destino final de China? No.

Este es uno de los muchos casos en que Quigley expresa una clara parcialización hacia la Red y sus *instrumentos*. Claramente, este sesgo nubla su juicio. Por ejemplo, se describe en repetidas ocasiones el engaño metódico de la Red a los demás, pero aparentemente nunca se pregunta si él también pudo haber sido engañado. Él describe la matanza de sus políticas "equivocadas", pero sus *buenas intenciones* son siempre dadas por sentado sin pensarlo dos veces.

Al combinar este sesgo favorable, con su abierto desagrado por "la derecha radical" y los "neoaislacionistas", es inevitable llegar a conclusiones pobremente consideradas. Su rechazo ocasional al papel del IPR en el destino de China proporciona un ejemplo brillante. Que Quigley puede admitir que el IPR tenía un enorme poder económico y político, una agenda específica, y de hecho *logró sus objetivos*, pero en realidad atribuye el ascenso de Mao Zedong únicamente a la "incompetencia y la corrupción" del régimen de Chiang Kai-shek es difícil de explicar.[18]

Nota al margen: Vale la pena aclarar que poco tiempo después de la creación del IPR en el año 1925, la guerra civil

---

[17] *Tragedy and Hope*, página 950
[18] *Tragedy and Hope*, página 935

en China empezó, convenientemente. Una posible razón (conjetura) de por qué la Red podría haber preferido un régimen comunista en China se encuentra en la siguiente declaración:

> Desde el punto más amplio de vista, la situación era esta: La rivalidad entre las dos superpotencias [los Estados Unidos y la Unión Soviética] podría ser equilibrada y sus tensiones reducidas solamente por la aparición de otra gran potencia en la masa terrestre de Eurasia. Había tres posibilidades para esto: Una Europa Occidental próspera y federada, India o China. La primera fue esencial; uno de las otras era muy conveniente; y, posiblemente, las tres podrían ser alcanzables, **pero en ningún caso era esencial, o incluso deseable, que la nueva gran potencia se aliara con Estados Unidos.**
>
> **Si la Unión Soviética hubiese sido acorralada por los aliados de Estados Unidos, se hubiera sentido amenazada por los Estados Unidos, y hubiese buscado seguridad a través de una explotación más intensa de sus recursos en una dirección militar**, con un aumento natural de la tensión mundial. Si, por el contrario, la Unión Soviética hubiese sido acorralada por al menos dos grandes potencias neutrales, se le hubiera podido impedir una fuerte expansión por (1) la resistencia inicial de estas grandes potencias y (2) la posibilidad de que estas potencias hicieran una alianza con Estados Unidos si la Unión Soviética hubiera puesto presión sobre ellas.[19]

---

[19] *Tragedy and Hope*, página 1048

El "Gran Juego" de enemistar a los demás bandos, participando en políticas de "equilibrio de poderes", se discute muchas veces a lo largo del libro de Quigley. He incluido la referencia anterior sólo porque proporciona un motivo potencialmente lógico (al menos lógico en el sentido "Realpolitik" de la palabra) de la política de la Red hacia China.

Ahora, regresando a la caracterización de Quigley sobre el escándalo del IPR y la posterior falta de cobertura mediática a que se hizo referencia anteriormente: como resultado de la presión impulsada por la "derecha radical", la Red de repente se encontró siendo el blanco de dos investigaciones del Congreso. Quigley describe la segunda de estas investigaciones, el Comité Reece, de esta manera:

> Una comisión del Congreso, siguiendo hacia atrás hasta el origen de los hilos que llevaban desde comunistas confesos como Whittaker Chambers, a través de Alger Hiss, y la Fundación Carnegie hasta Thomas Lamont y the Morgan Bank, cayó en una complicada red de fundaciones entrelazadas exentas de impuestos. El 83º Congreso en julio de 1953 estableció un Comité Especial encargado de investigar las fundaciones exentas de impuestos con el representante B. Carroll Reece, de Tennessee, como presidente. Pronto se hizo evidente que las personas de inmensa riqueza no estarían contentas si la investigación iba demasiado lejos y que los "más respetados" periódicos del país, estrechamente vinculados con estos hombres de riqueza, no se sentirían muy emocionados sobre cualquier [revelación] que hiciera que la publicidad valiera la pena, en términos de votos o contribuciones de campaña. Un interesante informe que muestra las asociaciones izquierdistas con nexos entrelazados

de las fundaciones exentas de impuestos fue emitido en 1954 de manera bastante silenciosa. Cuatro años más tarde, el asesor general del Comité Reece, René A. Wormser, escribió un sorprendido, pero no sorprendente libro sobre el tema llamado *Foundations: Their Power and Influence.*[20]

Quigley cierra este capítulo sobre la Red con lo siguiente:

Los círculos financieros de Londres y de la parte Este de los Estados Unidos... reflejan **una de las influencias más poderosas en la historia de Estados Unidos y del mundo en el siglo XX.** Los dos extremos de este eje de habla inglesa a veces han sido llamados, quizás en tono de burla, los Establecimientos Inglés y Americano. Hay, de todas maneras, cierto grado de verdad detrás de la broma, una verdad que muestra una **estructura de poder muy real.** Es esta la estructura de poder que la derecha radical en los Estados Unidos ha estado atacando desde hace años con la convicción de que están atacando a los comunistas.[21]

Una vez más, como Quigley describe, la estructura de poder que se expone no es fiel al comunismo, socialismo, fascismo, o capitalismo. La Red no tiene inconveniente en explotar la retórica de cualquier movimiento o ideología, sostener a cualquier dictador o tirano, y apoyar a cualquier modelo económico o político, siempre que esté a favor de su principal objetivo. Ese objetivo que es, poner "a todas las partes habitables del mundo bajo *su* control", es tan antiguo como el ansia de poder mismo. La muerte y el sufrimiento

---

[20] *Tragedy and Hope*, página 955
[21] *Tragedy and Hope*, página 956

que sus medidas han causado en pos de éste objetivo no se pueden calcular, pero les ha permitido continuar con lo que hacen y seguir trayendo más de lo mismo. Como W. Cleon Skousen declara en *The Naked Capitalist*:

> Como yo lo considero, la gran contribución que el Dr. Carroll Quigley hizo de manera involuntaria al escribir *Tragedy and Hope* fue ayudar a que los estadounidenses se dieran cuenta del desprecio absoluto que los líderes de la Red tenían por la gente común. Los seres humanos son tratados en *masa* como marionetas indefensas en un tablero de ajedrez internacional en el que los gigantes de poder político y económico los someten a guerras, revolución, conflictos civiles, confiscación, subversión, adoctrinamiento, manipulación y engaño.

Skousen dio en el clavo. *Tragedy and Hope* reveló algo incluso más importante que "una de las influencias más poderosas del siglo XX en la historia de Estados Unidos y del mundo". De forma inadvertida reveló el *modo de pensar* de quienes ejercen ese poder. Se expone la increíble arrogancia e hipocresía de aquellos que creen tener el derecho de gobernar a miles de millones de seres humanos.

Si éste libro tiene un propósito, es revelar la actitud y la naturaleza inherente de los que tratan de dominar a los demás. No se preocupe de recordar todas las fechas y los nombres que han sido enumerados. No se preocupe por recordar todos los eventos específicos. (Toda esa información siempre estará aquí si usted necesita consultarla de nuevo). En su lugar, considere simplemente verificar lo siguiente: no hay mentira que estos hombres no vayan a decir. No hay crimen que no vayan a cometer. La única medida de "correcto" e "incorrecto", en su opinión, es si sus tácticas tienen éxito o fracasan. Esto puede sonar como una hipérbole ahora, pero al final de este pequeño libro usted va a entender el sentido de esta afirmación. (El juego de la Red es ganado por aquellos que calculan correctamente, y las consideraciones *morales* no hacen más que impedir el cálculo exacto).

Introducción a la Realpolitik

Henry Kissinger personifica la esencia de la forma de pensar de la Red. En su libro *Diplomacy*, él introduce a sus lectores a los conceptos amorales de *raison d'état* (traducido como "razones de estado", o los intereses del estado) y *Realpolitik*. La base de ambos conceptos, según explica Kissinger, es que los *hombres* individuales pueden ser juzgados negativamente por razones morales, pero los gobiernos no. Cuando se trata de la acción del gobierno, el único juicio adecuado se basa en si el gobierno logra sus objetivos.[22] A lo largo de su libro, Kissinger elogia a aquellos que son lo suficientemente capaces de gobernarse por estos conceptos y prácticamente se burla de aquellos que se oponen a los llamados motivos "morales".

En elogio del cardenal de Richelieu (un estadista francés del siglo XVII), Kissinger escribe:

> Aunque privadamente religioso, [Richelieu] veía sus funciones como ministro en términos completamente seculares. La salvación podría ser su objetivo personal, pero para Richelieu, el estadista, era irrelevante. "El hombre es inmortal, su salvación está de aquí en adelante", dijo una vez. "El estado no tiene inmortalidad, su salvación es ahora o nunca". En otras palabras, los estados no reciben crédito por hacer lo correcto; sólo son recompensados por

---

[22] Henry Kissinger, *Diplomacy*, páginas 34, 58, 103 +

ser lo suficientemente fuertes para hacer lo que es necesario.[23]

Como Primer Ministro del Rey, [Richelieu] subsume tanto la religión como la ética a *raison d'état*, su luz orientadora.[24]

Richelieu era en realidad el manipulador descrito, y aprovechó la religión [como una herramienta de manipulación]. Él sin duda habría respondido que simplemente había analizado el mundo como era, como lo hacía Maquiavelo. Al igual que Maquiavelo, bien podría haber preferido un mundo de sensibilidad moral más refinado, pero estaba convencido de que la historia juzgaría su habilidad política por lo bien que había usado las condiciones y los factores que le fueron dados para trabajar.[25]

Para esclarecer, según el pensamiento de un hombre de estado como Kissinger, las leyes morales y legislativas que limitan las acciones de los hombres ordinarios no se aplican a unos pocos elegidos. Para escapar de la rendición de cuentas, la clase dominante sólo tiene que invocar el nombre del estado. Esto, por supuesto, es la misma posición que tenían los gobernantes del pasado que justificaban el robo, el engaño, la tortura, la esclavitud y la masacre *en el nombre de Dios*. La táctica sencillamente se ha modernizado. Nuestros nuevos gobernantes han sustituido "el estado" por Dios. Y convenientemente para ellos, *son* el estado... y no cualquier estado; son el estado emergente, omnipotente, *mundial*.

Aunque los ciudadanos han sido condicionados a creer que sus hombres de Estado y los instrumentos de gobierno están en esa posición para servirles, nada podría estar más

---

[23] *Diplomacy*, página 61
[24] *Diplomacy*, página 64
[25] *Diplomacy*, página 65

alejado de la realidad. Tanto los instrumentos como los hombres de estado son parte de un aparato institucional que existe para el beneficio de aquellos que lo controlan. Dicho de forma diferente: el *estado* no es más que un conjunto de hombres y mujeres que dirigen los recursos y las políticas de gobierno. Contrariamente a la creencia popular, es una *institución* que existe por sí misma, para asegurar su propia "salvación", y para evitar el surgimiento de cualquier cosa que pudiera desafiar su poder.

Esta es la cruda realidad, y algunos seguramente se opondrán diciendo que el estado moderno es diferente. Después de todo, se basa en el consentimiento de las personas. Las elecciones democráticas permiten a los ciudadanos votar por quienes serán sus líderes. Se puede elegir entre republicanos o demócratas. Ellos los pueden expulsar de sus puestos si no cumplen sus promesas de campaña.

¿Pero qué pasa si nuestro llamado gobierno representativo es toda una ilusión cuidadosamente elaborada? ¿Qué pasa si la Red *escoge* los candidatos por los que votamos? ¿Qué pasa si los "expertos" de la Red, y no las figuras decorativas colocadas en posiciones oficiales del poder, son los que en última instancia determinan la política del gobierno? ¿Qué pasa si ambos partidos políticos, derecha e izquierda, son controlados por exactamente las mismas personas? Quigley asoma un poco este tema, así:

> El argumento de que los dos partidos deben representar ideales y políticas opuestas, uno quizás de derecha y otro de izquicrda, es una idea tonta aceptable sólo para doctrinarios y pensadores académicos. En su lugar, **los dos partidos deben ser casi idénticos, de modo que el pueblo estadounidense puede "sacar a los villanos"**

en cualquier elección sin dar lugar a cambios profundos en la política.[26]

Quigley incluso va más allá al describir el sistema que ahora está emergiendo:

> Es cada vez más claro que, en el siglo XX, **el experto reemplazará... al elector democrático en el control del sistema político... Se espera que, los elementos de elección y libertad puedan mantenerse para la persona ordinaria** en la que ella puede tener la libertad de hacer una elección entre dos partidos políticos opuestos (incluso si estos grupos tienen una opción política pequeña dentro de los parámetros de la política establecida por los expertos)... **en general, su libertad y elección serán controlados dentro de alternativas muy estrechas.**[27]

¿Esta declaración lo alarma? Esperemos que sí.

Enfrentando La Realidad

Usando el trabajo de Quigley como punto de partida, este libro resaltará el cómo un pequeño grupo de hombres dominantes fueron capaces de asegurar el control de la política local, nacional, continental e incluso global. Aunque el poder de esta Red no es completo, se está moviendo inexorablemente en esa dirección. Sin un mayor conocimiento (y resistencia), su estado general no elegido e irresponsable se convertirá en una realidad. Y aunque la ilusión de que la soberanía nacional va a ser mantenida, la

---

[26] *Tragedy and Hope*, página 1247
[27] *Tragedy and Hope*, página 866

libertad de los ciudadanos del mundo "va a ser controlada dentro de unas alternativas muy estrechas".

Antes de pasar al siguiente capítulo, aquí están algunas de las ideas clave que vamos a cubrir en este libro:

- El poder *real* no es elegido. Los políticos cambian, pero la estructura de poder no. La Red opera tras bastidores, para su propio beneficio, sin tener que consultar a aquellos que se ven afectados por sus decisiones.

- La Red se compone de personas que *prefieren* el anonimato. Ellos están "satisfechos de poseer la realidad en lugar de la apariencia del poder".[28] Este enfoque de poder ejercido en secreto es común a través de la historia, ya que protege a los conspiradores de las consecuencias de sus acciones.

- La táctica principal para dirigir la opinión pública y la política de "gobierno" es colocar servidores dispuestos en posiciones de liderazgo de instituciones de confianza (los medios de comunicación, universidades, gobiernos, fundaciones, etc.). Si alguna vez se presenta una reacción importante en contra de una política determinada, el servidor puede ser reemplazado. Esto deja sin daño alguno tanto a la institución como a las personas que realmente dirigen su poder.

- Históricamente, los que establecen sistemas sofisticados de dominación no sólo son muy inteligentes; sino que también son sumamente engañosos e implacables. Ellos ignoran completamente las barreras éticas que rigen el comportamiento de un ser humano normal.

---

[28] Quigley, The Anglo-American Establishment, página 4

Ellos no creen que las leyes morales y legislativas, que se espera que otros acaten, se apliquen a ellos. Esto les da una enorme ventaja sobre las masas que no pueden adivinar fácilmente su modo de pensar.

- Los avances en la tecnología han permitido a los gobernantes modernos dominar áreas cada vez más grandes en el mundo.[29] Como resultado, la *esencia* de la soberanía nacional ya ha sido destruida, y lo que queda de su caparazón está siendo desmantelado lo más rápido posible. El nuevo sistema que están construyendo (que ellos mismos consideran como un *Nuevo Orden Mundial*), intercambiará la ilusión existente de un gobierno dirigido democráticamente por su largamente buscada tecnocracia autoritaria "dirigida por expertos".[30]

Sin duda, es difícil aceptar estas declaraciones cuando se escuchan por primera vez. Ellas desafían nuestra visión del mundo y nos obligan a reconsiderar todo aquello en lo que hemos aprendido a creer. Es mucho más fácil rechazar estos hechos sin más investigación; es más fácil aceptar mentiras reconfortantes que calmen nuestras ansiedades. Pero esto, por supuesto, es definitivamente lo contrario de lo que se debe hacer. Si dejamos que nos manipulen, estamos dando poder a la Red a costa nuestra.

Edward Bernays, quizá más que nadie, ayudó a establecer el sistema moderno de manipulación pública. Basándose en las técnicas psicoanalíticas de su tío, Sigmund Freud, Bernays llegó a conocerse como el padre de la propaganda.[31] Su baja estima por las masas se expresa mejor en sus propias

---

[29] *Tragedy and Hope*, página 1206
[30] *Tragedy and Hope*, páginas 866, 1200, 1201
[31] *Wikipedia*, Edward Bernays

palabras. Las siguientes citas están tomadas de su libro *Propaganda:*

> Ningún sociólogo serio puede creer que la voz del pueblo expresa alguna idea divina o en especial sabia y noble. La voz del pueblo expresa la mente del pueblo, y esa mente está constituida por los líderes de los grupos... y por aquellas personas que entienden la manipulación de la opinión pública.
>
> Si comprendemos el mecanismo y los motivos de la mente colectiva, ¿no es posible controlar y regir las masas según nuestra voluntad sin que ellos se den cuenta?
>
> Sea cual sea la actitud que uno elija adoptar hacia esta condición... estamos dominados por un pequeño número de personas que entienden los procesos mentales de las masas. Son ellos los que mueven los hilos que controlan la mente pública e inventan nuevas formas de guiar el mundo.
>
> Las campañas políticas de hoy en día no son más que teatro... Un candidato presidencial puede ser "elaborado" en respuesta a una "demanda popular abrumadora", pero es bien sabido que su nombre puede ser escogido por media docena de hombres sentados alrededor de una mesa en la habitación de un hotel.
>
> La manipulación consciente de las masas es un elemento importante en la sociedad democrática. Aquellos que manipulan este mecanismo oculto de la sociedad constituyen un gobierno invisible que es el verdadero poder gobernante de nuestro país.

Bertrand Russell, historiador, filósofo, matemático, cofundador de la filosofía analítica,[32] y experto en el "método científico" de la manipulación humana, describe una "sociedad de expertos" global de la siguiente manera:

> La sociedad de los expertos controlará la propaganda y la educación. Enseñará lealtad al gobierno mundial, y convertirá al nacionalismo en alta traición. El gobierno, siendo una oligarquía, infundirá la sumisión en la gran mayoría de la población... Es posible que **puedan inventar formas ingeniosas de ocultar su propio poder, dejando las formas de democracia intacta, y permitiendo que los plutócratas o políticos piensen que ellos están controlando inteligentemente estas formas... cualesquiera que estas formas externas puedan ser, todo el poder real estará concentrado en las manos de aquellos que entienden el arte de la manipulación científica.**[33]

Los proveedores de la ilusión *democrática* nos aseguran que las conspiraciones sofisticadas y poderosas *sociedades secretas* sólo existen en la mente de los paranoicos y extremistas. Sus promesas son una mentira. Con Quigley como nuestro guía, localizaremos los orígenes y operaciones de la Red que, mediante "el encubrimiento de su propio poder," busca secretamente dominar nuestro mundo.

---

[32] *Wikipedia*, Bertrand Russell
[33] The Scientific Outlook, página 175

CAPÍTULO 2

El poder detrás del trono

Como ya lo hemos mencionado, Quigley no era el típico historiador. A diferencia de la mayoría de los académicos respetados, él no tenía miedo de hablar sobre la presencia de *conspiradores* secretos ejerciendo el poder desde las sombras. Tampoco tenía miedo de señalar que las constituciones, los parlamentos, presidentes y emperadores podían ser utilizados como elementos de distracción para desviar la atención del verdadero poder gobernando detrás del trono. A modo de ejemplo, cerca de la página 190 de *Tragedy and Hope*, Quigley describe con claridad las cosas respecto a la llamada Restauración Meiji en Japón.

Vista desde afuera, la Restauración arrebató el poder a los shogunes y lo devolvió al emperador japonés. Sin embargo, aunque esta historia del regreso del emperador al poder se extendió a lo largo y ancho del país, la realidad fue muy diferente. Lo que realmente ocurrió fue que la *Restauración* simplemente había trasladado el poder de los shogunes a los señores feudales que "procedieron a gobernar Japón en nombre del emperador, y bajo su sombra". [34]

Estos líderes, organizados en un oscuro grupo conocido como la Oligarquía Meiji, habían logrado,

---

[34] *Tragedy and Hope*, página 194

en 1889, la total dominación de Japón. **Para camuflar este hecho**, desataron una vigorosa propaganda para promover la sumisión abyecta al emperador que culminó en su extrema adoración entre 1941 y 1945.

Para proporcionar una base administrativa a su gobierno, la Oligarquía creó una extensa burocracia gubernamental y, para otorgarle una base económica, esta misma Oligarquía utilizó su influencia política para pagarse abultadas pensiones y subvenciones gubernamentales y [desarrollaron] relaciones comerciales corruptas con sus aliados en las clases comerciales… Para proveer de una base militar a su gobierno, la Oligarquía creó un nuevo ejército y una marina imperial y se infiltró en sus filas superiores para poder dominarlas, tal como ya lo hacía con la burocracia civil. Para proporcionar una base social a su gobierno, la Oligarquía creó cinco… categorías de nobleza, cuyos integrantes fueron reclutados entre sus propios miembros y seguidores.

Después de asegurar así su posición dominante, en 1889 la Oligarquía elaboró una constitución que les garantizaría, y sin embargo ocultaría, su dominación política del país[35]

La Oligarquía presentó la constitución como si hubiera sido "emitida por el emperador para crear un sistema en el que todo el gobierno estaría en su nombre, y todos los funcionarios serían personalmente responsables ante él".[36]

Esta constitución, aparentemente legítima, requería de un cuerpo legislativo compuesto por una Cámara de Representantes y una Cámara de Pares. Aunque estas

---

[35] *Tragedy and Hope*, página 195
[36] *Tragedy and Hope*, página 195

disposiciones se promulgaron, resultaban esencialmente insignificantes:

> La forma y el funcionamiento de la constitución fue de poca importancia, ya que el país continuó siendo dirigido por la Oligarquía Meiji a través de su dominio del ejército y la marina, la burocracia, la vida económica y social, y las agencias de creación de opinión pública tales como la educación y la religión. [37]

Así como lo hacen *todas* las clases dominantes, los Meiji mantuvieron su dominación adoctrinando a las masas en una ideología que servía a los intereses de los oligarcas. En concreto, propagaron la ideología *Shinto*, que abogaba por la subordinación al emperador. "En este sistema, no había espacio para el individualismo, el interés propio, las libertades humanas ni los derechos civiles". [38]

Los japoneses aceptaron esta ideología *Shinto* y, como consecuencia, la oligarquía Meiji pudo explotarlos sin piedad en nombre del emperador. Sin embargo, curiosamente, los Meiji debían rendir cuentas a un poder aún mayor. Detrás de ellos, existía otro grupo, el cual no se componía de más de una docena de hombres que representaban el máximo poder de decisión en Japón. Quigley explica:

> Este grupo de líderes, conocido como *Genro*, funcionó por encima del sistema legal. Robert Reischauer escribió en 1938 que: "Estos hombres son quienes han detentado el verdadero poder detrás del Trono. Se hizo habitual que se les pidiera su opinión y, más importante aún, que se siguiera

---

[37] *Tragedy and Hope*, página 196
[38] *Tragedy and Hope*, página 197-198

sus directivas en todo asunto de gran importancia para el bienestar del estado. Jamás, ningún Líder fue nombrado sin la recomendación de estos hombres que se hacían llamar *Genro*. Hasta 1922, no hubo ninguna legislación nacional importante ni tratado extranjero que escapara a su escrutinio y evaluación antes de ser firmada por el emperador. En su tiempo, estos hombres fueron los verdaderos gobernantes de Japón". [39]

La naturaleza del Poder Coercitivo Secreto

Hay una razón muy lógica por la que la fuerza coercitiva prefiere el secreto y el engaño: si su objetivo es explotar y dominar a los demás (sin sufrir las consecuencias naturales de este acto), la transparencia y la honestidad no son una opción. Como tal, seguir el *modelo* básico del poder coercitivo (a menudo oculto, siempre engañoso y ejercido en nombre de algo distinto a sí mismo) ha sido algo habitual a lo largo de la historia. Si "el nombre de Dios" es irreprochable, entonces los gobernantes inteligentes ejercen su poder en su nombre. Si invocar la *democracia*, el *estado* o el *emperador* les brinda poder, actuarán en nombre de cualquiera de estas figuras. Ésta es la característica invariable de quienes gobiernan las masas de manera efectiva: ellos *dirán* y *harán* cualquier cosa para establecer un sistema que sirva a sus intereses.

Dicho de otra manera: la *moralidad* nunca detendrá a un individuo (o grupo) que esté dispuesto a mentir, robar, intimidar, encarcelar, torturar o matar para conseguir sus objetivos. De la misma manera, un trozo de papel con palabras escritas (una constitución) y una forma democrática

---

[39] *Tragedy and Hope*, página 200

fácilmente manipulada de gobierno tampoco lo detendrá. Este último punto es particularmente relevante hoy en día debido a que los "organismos de formación de opinión pública" han hecho todo lo posible para convencernos de lo contrario.

Desde una muy temprana edad, estamos condicionados a creer que una constitución y unas elecciones democráticas demuestran, de alguna manera, que *tenemos el* control; que aquellos que buscan ejercer un poder ilegítimo sobre nuestras vidas no pueden tener éxito con estas protecciones de nuestro lado. Nunca nos preguntamos si esta creencia es realmente *cierta*, y nunca se nos proporcionan ejemplos que podrían sugerir que eso no es cierto. Por ejemplo, ¿protegieron al pueblo ruso la constitución y las elecciones de "apariencia y forma democrática" [40] de la Rusia estalinista? ¿Logró un gobierno, que era "democrático en forma" [41], impedir el ascenso de Hitler en Alemania? ¿Es la "República Democrática Popular" de Corea del Norte, con sus *elecciones* regulares, una verdadera república? ¿Fueron los Genro incapaces de gobernar Japón como consecuencia de la constitución y *las elecciones* japonesas? Un poco más cerca de casa, ¿qué pasa con las protecciones **garantizadas** previstas en la Constitución de los Estados Unidos? ¿Son estas protecciones escritas suficientes para bloquear las depredaciones cometidas por una clase gobernante ilegítima? Si usted piensa que sí lo son, considere lo siguiente:

Hoy en día, en "la nación más libre sobre la Tierra," los *representantes* de los Estados Unidos se han arrogado la autoridad para espiar a sus ciudadanos sin orden judicial, lo cual, claramente, viola la Constitución de los Estados Unidos. Se han atribuido la autoridad para arrestar y

---

[40] *Tragedy and Hope*, página 392
[41] *Tragedy and Hope*, página 409

detener a los ciudadanos sin que haya cargos en su contra, y sin que estos ciudadanos puedan tener el derecho de impugnar la legitimidad de su detención. Esto también viola la Constitución de los Estados Unidos. Incluso se han atribuido la autoridad para *matar* a ciudadanos de los Estados Unidos basándose en nada más que una *acusación*, sin ningún juez, ningún jurado, ninguna presentación pública de evidencias o sin requerimientos para demostrar su culpabilidad. [42] Esta es una violación flagrante de las protecciones individuales que se indican en la Constitución de los Estados Unidos.

Dado que los ciudadanos de los Estados Unidos no otorgan a sus representantes la autoridad para violar estas restricciones legales al poder del gobierno, estos poderes debieron haber sido tomados por la fuerza. Los *gobernantes* toman el poder; los *representantes* no. Como se ha señalado en el capítulo 1, Quigley se refirió a estos gobernantes como los "expertos" que reemplazarían "al elector democrático para controlar el sistema político".

Es aquí donde realmente se apoyan las afirmaciones acerca de la inevitable destrucción de la soberanía nacional. Ante los ojos de los *expertos*, es simplemente una cuestión de tiempo antes de que un grupo superior de gobernantes finalmente logre lo que todos los gobernantes anteriores han intentado (el poder suficiente para *obligar a la obediencia* a todas las regiones del mundo). Quigley explica la progresión del poder coercitivo mundial de esta manera:

> El creciente poder destructivo de los sistemas de armas occidentales ha permitido que se pueda exigir obediencia en áreas cada vez más amplias y a un mayor número de individuos. En consecuencia,

---

[42] Consulte el *"National Defense Authorization Act"* (NDAA) para obtener mayor información.

las organizaciones políticas (como el estado), se han vuelto más grandes en tamaño y menores en número… De esta manera, el desarrollo político de Europa en el último milenio ha dado lugar a una constante consolidación de poder. Eventualmente, miles de áreas feudales se convirtieron en cientos de principados, y estos principados se convirtieron en un menor número de monarquías dinásticas, y, por último, aquellas monarquías dinásticas se convirtieron en un poco más de una docena de estados nacionales. El estado nacional, cuyo tamaño se mide en cientos de kilómetros [solo se hizo posible porque podía)] ejercer la fuerza a través de cientos de kilómetros.

A medida que la tecnología de las armas, el transporte, las comunicaciones y la propaganda han continuado desarrollándose, se hizo posible exigir obediencia en áreas medidas en miles y no en cientos de kilómetros y, por lo tanto, en superficies superiores a las ocupadas por los grupos lingüísticos y culturales existentes. Por lo tanto, fue necesario apelar a la lealtad al Estado excediendo los límites del nacionalismo. Esto dio lugar, en los años 1930 y 1940, a la idea de bloques continentales y del estado ideológico (en sustitución del estado nacional). [43]

La consolidación que Quigley describe es más que una colección de datos históricos. Captura la naturaleza inmutable del poder coercitivo. Sin control, los gobernantes *siempre* querrán consolidar y centralizar su control hasta que no les quede nada de qué apropiarse. Y, por desgracia, esto se aplica tanto a la libertad humana como a los recursos geográficos: "Un paso lleva a otro, y cada nueva adquisición

---

[43] *Tragedy and Hope*, página 1206

obtenida para proteger una anterior requiere un nuevo avance, en un momento posterior, para protegerlo". [44]

Por lo tanto, si aceptamos esta realidad, tendremos un puñado de preguntas importantes: ¿Quiénes son los gobernantes? ¿Hasta qué punto pueden "exigir obediencia" sin que encuentren una resistencia significativa? ¿Cómo tomaron el poder? ¿Cómo mantienen y expanden su poder? ¿Cuáles son sus crímenes que no reciben castigo (pasados y presentes)? Y lo más importante, ¿cuáles son los blancos estratégicos que se necesitan atacar para destruir su gobierno ilegítimo? En los siguientes capítulos, vamos a cubrir todo esto y más. Pero, en primer lugar, hay que empezar por el principio.

El lugar de nacimiento de una Red

Hace casi mil años, se fundó una universidad en Inglaterra. Casi mil años más tarde, no sólo esa misma universidad aún existe, sino que ocupa la posición número uno en el Reino Unido y, consistentemente, se ha venido clasificando entre las diez mejores universidades del mundo. [45]

Como una de las más prestigiosas instituciones de educación superior especializada en política, ciencias psicológicas y negocios, Oxford tiene una historia larga y distinguida. Allí se han formado docenas de primeros ministros, al igual que arzobispos, santos, famosos economistas como Adam Smith, y reconocidos escritores como R. R. Tolkien (*El Señor de los Anillos*) y Aldous Huxley (*Un mundo feliz*), así como filósofos como Thomas Hobbes y John Locke. Oxford también formó, hace aproximadamente ciento cincuenta años, a los progenitores

---

[44] *Tragedy and Hope*, página 133
[45] *Wikipedia*, Oxford University

de *la Red.* Viajemos en el tiempo a este preciso momento de la historia, alrededor de 1860.

Dos fuerzas opuestas en el Imperio Británico están en conflicto. Por un lado, muchos argumentan que el imperio es inmoral, caro e innecesario. Este argumento, defendido por hombres como William Gladstone, está erosionando el apoyo a las políticas imperiales de Gran Bretaña. En el otro lado, se encuentra Benjamin Disraeli. Este hombre, un cercano aliado de la reina, es un duro crítico de Gladstone y otros *"Little Englanders"* ("Pequeños Ingleses") que se atreven a desafiar los beneficios y la necesidad del imperio. Tras referirse a Gladstone como "el único error de Dios", la intensa rivalidad entre Disraeli y Gladstone es legendaria. A continuación, se proporciona un ejemplo de sus muchos desacuerdos:

> Disraeli y Gladstone se enfrentaron por la Política Balcánica de Gran Bretaña. Disraeli creía que era necesario defender la grandeza de Gran Bretaña a través de una política exterior resistente "directa y eficiente", que ponía los intereses de Gran Bretaña por encima de la "ley moral", que defendía la emancipación de las naciones pequeñas. Gladstone, sin embargo, veía el problema en términos morales: los turcos habían masacrado a los cristianos búlgaros y, por lo tanto, creía que era inmoral apoyar al Imperio Otomano. [46]

Dado que los argumentos morales de Gladstone fueron ganando terreno, se formó un nuevo instituto para contrarrestar la creciente ola de antimperialismo. Quigley dice:

---

[46] http://en.wikipedia.org/wiki/Benjamin_Disraeli

El Real Instituto Colonial fue fundado en 1868 para luchar contra la idea de la "Pequeña Inglaterra"; como primer ministro (1874-1880), Disraeli dramatizó el beneficio y el glamour del imperio refiriéndose a acciones tales como la compra del control del Canal de Suez y el otorgamiento a la reina Victoria el título de Emperatriz de la India; a partir de 1870 fue cada vez más evidente que las colonias, sin importar que pudiesen ser costosas para un gobierno, podrían ser increíblemente rentables para los individuos y las empresas apoyadas por dichos gobiernos. [47]

Entonces, para proteger los beneficios de las políticas imperiales de Gran Bretaña, la retórica utilizada para justificar el imperialismo lentamente empezó a cambiar. Un hombre, nombrado para ocupar una nueva cátedra en Oxford, se hizo cargo de la cruzada para enseñar "el nuevo imperialismo" a los estudiantes de licenciatura de esta casa de estudios.

El nuevo imperialismo después de 1870 era muy diferente al que los "Little Englanders" se habían opuesto anteriormente. El principal cambio fue que estaba justificado por cuestiones de deber moral y reforma social y no, como el anterior, por la actividad misionera y las ventajas materiales. El principal responsable de este cambio fue John Ruskin.

Ruskin las hablaba a los estudiantes de Oxford como miembros de una clase dominante privilegiada. Él les dijo que ellos eran los poseedores de una magnífica tradición que abarcaba la educación, la belleza, el estado de derecho, la libertad, la decencia y la autodisciplina, pero que esta tradición no se

---

[47] *Tragedy and Hope*, página 129

podía preservar, y tampoco lo merecía, a menos que se pudiese extender a las clases bajas en la propia Inglaterra y a las masas extranjeras en todo el mundo. Si esta preciosa tradición no se extendía a estas dos grandes mayorías, la minoría de la clase alta de los ingleses se desvanecería, en última instancia, bajo estas dos mayorías y toda su tradición se perdería. [48]

Sobre la base de estas nuevas justificaciones, las mismas políticas inmorales de conquista y sometimiento encontraron una nueva razón. Ahora, el imperio era no sólo una cuestión de deber moral; era una cuestión de autopreservación (si la élite gobernante no lograba expandir el imperio, su forma de vida civilizada se perdería bajo las masas de la plebe). Era un mensaje de gran alcance, y tuvo un " impacto tremendo " en uno de los estudiantes de Ruskin. Este estudiante estaba tan conmovido que copió las cátedras de Ruskin palabra por palabra y las conservó durante treinta años. [49] También, con un puñado de otros devotos de Ruskin, incluso fundó y financió la Red, que Quigley denominó como "uno de los hechos históricos más importantes del siglo XX". [50] El nombre de aquel estudiante era Cecil Rhodes.

Si ha oído hablar de Cecil Rhodes, es muy probable que no haya sido dentro del contexto de ser "el tipo que creó una sociedad secreta para controlar el mundo". Sin embargo, sí es posible que haya oído hablar de las becas Rhodes en Oxford (o quizá el término *Becario Rhodes*, un título dado a los estudiantes que estudiaron bajo su programa). [51] Tal vez usted escuchó hablar de la nación africana de Rhodesia,

---

[48] *Tragedy and Hope,* página 130
[49] *Tragedy and Hope,* página 130
[50] *The Anglo-American Establishment*, página ix
[51] En *The Anglo-American Establishment*, página 33, Quigley escribe: "Las becas no eran más que una fachada para ocultar la sociedad secreta, o, más exactamente, eran uno de los instrumentos mediante los cuales los miembros de la sociedad secreta podían llevar a cabo su propósito".

o de la Universidad de Rhodes situada en África del Sur, ambas nombradas en honor a Rhodes. Si alguna vez ha comprado un diamante, es probable que haya oído hablar de la empresa de diamantes De Beers (el monopolio de diamantes de Sudáfrica establecido por Rhodes).

Estos hechos actúan como un testimonio de la extraordinaria vitalidad e influencia de Cecil Rhodes. Pero lo más significativo que Rhodes fundó durante su vida no lleva su nombre, y se mantiene casi completamente en el anonimato. Esto a pesar del hecho de que la sociedad secreta fundada por él en 1891, [52] y sus posteriores "instrumentos", sigue funcionando en la actualidad.

Construyendo la Red

Rhodes extrajo gran parte del financiamiento inicial para su sociedad secreta de las minas de oro y diamantes de Sudáfrica. Después de monopolizar estas industrias, la enorme riqueza e influencia que le reportaron le permitieron aumentar constantemente el alcance de la Red. Quigley nos explica:

> Rhodes explotó febrilmente las minas de oro y de diamantes de Sudáfrica, llegó a ser el primer ministro de la Colonia del Cabo (1890-1896), aportó dinero a los partidos políticos, controló escaños tanto en Inglaterra como en África del Sur, y trató de obtener una parte del territorio británico a lo largo de África desde el Cabo de Buena Esperanza hasta Egipto. [53]

No es de extrañar, pues Rhodes no sentía ningún conflicto moral sobre sus intereses imperiales o los métodos que utilizó para alcanzarlos. Se veía a sí mismo como alguien

---

[52] *Tragedy and Hope*, página 131
[53] *Tragedy and Hope*, página 130

superior frente a quienes tenía la intención de someter. En su última voluntad y testamento, escribió:

> Afirmo que somos la mejor raza en el mundo y que nuestra expansión por el mundo será lo mejor que podrá ocurrirle a la raza humana. Fantaseo con que aquellas partes que se encuentran en la actualidad habitadas por los ejemplares más despreciables de seres humanos pasen a estar bajo la influencia anglosajona. [54]

Una serie de PBS titulada *Queen Victoria's Empire* responsabiliza a Rhodes de instigar una ráfaga de "fervor imperialista" en Gran Bretaña. Cerca del final de este trabajo, se dice de Rhodes que:

> Cecil John Rhodes… se convirtió en el más grande constructor del imperio de su generación. Para financiar sus sueños de conquista, se embarcó en una búsqueda despiadada de diamantes, oro y poder, lo que lo convirtió en el hombre más formidable, y más odiado, en África.

Pero esta historia es mucho más grande que el efecto que Cecil Rhodes tuvo sobre África o el imperialismo británico hace más de un siglo. Obviamente, para relatar correctamente la historia de la Red, *necesitan* mencionarse un puñado de individuos tan importantes como Rhodes. Sin embargo, para ser claros, estos individuos no son el foco principal de esta historia. En su lugar, nuestro foco caerá sobre todo en los instrumentos que Rhodes y sus seguidores crearon o infiltraron, así como en las tácticas que emplearon para perseguir en secreto sus objetivos. (A pesar del poder

---

[54] http://en.wikipedia.org/wiki/Cecil_Rhodes

que algún individuo que integró o actualmente es parte de la Red pudo tener, es en los *instrumentos* y las *tácticas* dónde está realmente el poder. Eventualmente, los hombres dejarán de existir; los instrumentos y tácticas pueden vivir indefinidamente).

Nota al margen: Si usted está interesado en acceder a un desglose metódico, y algo tedioso, de todos los individuos encontrados por Quigley mientras investigaba la Red (nombres, fechas, títulos, cargos de gobierno, relaciones con otras personas poderosas, etc.), la obra *Anglo-American Establishment* ofrece páginas y páginas de texto como éste:

De los cinco hijos de Lord Salisbury, el mayor (ahora cuarto Marqués de Salisbury), estuvo presente en casi todos los gobiernos conservadores desde 1900 a 1929. Tuvo cuatro hijos, de los cuales dos se casaron con miembros de la familia Cavendish. De éstos, una hija, Lady Mary Cecil, se casó en 1917 con el Marqués de Hartington, el futuro décimo Duque de Devonshire; el hijo mayor, vizconde Cranborne, se casó con Lady Elizabeth Cavendish, sobrina del noveno Duque de Devonshire. El hijo más joven, Lord David Cecil, un conocido escritor de obras biográficas, fue durante años compañero de Wadham y durante la última década ha sido miembro del New College. La otra hija, Lady Beatrice Cecil, contrajo nupcias con W. G. A. OrmsbyGore (ahora Lord Harlech), quien se convirtió en un miembro del Grupo Milner. Tal vez hay que mencionar que el vizconde Cranborne estuvo en la Casa de los Comunes desde 1929 a 1941 y ha estado en la Cámara de los Lores desde entonces. Fue Secretario de Estado para Asuntos Exteriores de 1935 a 1938, renunció en protesta por el acuerdo de Munich, pero regresó al poder en 1940 como Tesorero General (1940), Secretario de Estado para Asuntos de Dominio (1940-1942) y Ministro de las Colonias (1942). Fue más tarde Lord del Sello Privado (1942-1943), nuevamente Secretario de Asuntos de Dominio (1943-1945), y líder del Partido Conservador en la Cámara de los Lores (1943-1945). [55]

Afortunadamente para usted y para mí, no habrá tales listas en este libro.

El primer instrumento de la Red y algunos de sus logros

El primer instrumento creado por Rhodes y sus asociados fue la sociedad secreta en sí. Después de diecisiete años de planificación, [56] Rhodes convocó una reunión en la cual se estableció formalmente la sociedad. Inspirados por los Jesuitas, [57] los Illuminati [58] y los Masones (a los que ya pertenecía), [59] Rhodes esperaba tener éxito donde las otras sociedades secretas habían fracasado. Usando una estructura de "anillos adentro de anillos", el anillo central del poder (compuesto por Rhodes y sólo tres otros individuos) controlarían todos los anillos exteriores. De las tres personas que compartieron el anillo interior con Rhodes, Alfred Milner (quien más tarde recibió el título de *Lord* Milner) se convirtió en el más fuerte.

En 1902, los objetivos que perseguían Rhodes y Milner, y los métodos por los cuales esperaban alcanzarlos, eran tan similares que los dos son casi indistinguibles. Ambos trataron de unir el mundo…

---

[55] *The Anglo-American Establishment*, página 16
[56] *The Anglo-American Establishment*, página 3
[57] *The Anglo-American Establishment*, página 34
[58] Ed Griffin, *The Quigley Formula*, http://www.republicmagazine.com/bonus-articles/griffin.html
[59] Wikipedia, Cecil Rhodes

en una estructura federal alrededor de Gran Bretaña. Ambos sintieron que este objetivo podría lograrse mejor con un grupo secreto de hombres unidos entre sí que compartieran la devoción a su causa común. Ambos sintieron que tal grupo debía alcanzar su objetivo **mediante la influencia política y económica secreta tras bambalinas y mediante el control de las agencias periodísticas, de educación y propaganda.**

Con la muerte de Rhodes en 1902, Milner obtuvo el control de su dinero y pudo usarlo para lubricar el funcionamiento de su maquinaria de propaganda. Esto es exactamente lo que Rhodes había querido y había previsto. Milner era el heredero de Rhodes, y ambos lo sabían. En 1898, Rhodes dijo, "Yo apoyo a Milner absolutamente y sin reservas. Si él dice paz, yo digo paz; si él dice guerra, yo digo guerra. Pase lo que pase, yo digo lo mismo que Milner". [60]

Siempre en la búsqueda de posibles ayudantes, Milner reclutó miembros provenientes principalmente de Oxford y Toynbee Hall. Utilizó su influencia para colocar a los nuevos reclutas en puestos de poder.

A través de su influencia, estos hombres fueron capaces de alcanzar puestos relevantes en el gobierno y las finanzas internacionales, y ejercieron su influencia en los asuntos imperiales británicos y extranjeros. Bajo la tutela de Milner, en Sudáfrica fueron conocidos, hasta 1910, como la "Guardería de Milner". Entre 1909 y 1913 se organizaron grupos semisecretos, conocidos como los Grupos de la Mesa

---

[60] *The Anglo-American Establishment*, página 49

Redonda, en las principales dependencias británicas y de los Estados Unidos. [61]

Como ya mencionamos en el capítulo 1:

En 1919 fundaron el Instituto Real de Asuntos Internacionales (Chatham House). Durante el período entre 1919 y 1927, se establecieron Institutos de Asuntos Internacionales similares en los principales dominios británicos y en los Estados Unidos (donde se conoció como el Consejo de Relaciones Exteriores). Después de 1925, se creó una estructura algo similar de organizaciones, conocida como el Instituto de Relaciones del Pacífico. [62]

La obra *Anglo-American Establishment* describe el sistema básico que usó la Red para reclutar y ubicar a sus individuos:

Dado su estrecho contacto con Oxford y con el *All Souls*, el círculo interior de este grupo estaba en una posición ventajosa para detectar a los jóvenes universitarios más hábiles de aquella casa de estudios. Estos fueron admitidos al All Souls College y, para poner a prueba inmediatamente sus habilidades y su lealtad a los ideales del Grupo Milner, se les dieron oportunidades en la vida pública, el periodismo y la enseñanza. Si pasaban ambas pruebas, eran admitidos gradualmente en grandes feudos del Grupo Milner, como el Real Instituto de Asuntos Internacionales, *The Times*, la Mesa Redonda, o,

---

[61] *Tragedy and Hope*, página 132
[62] *Tragedy and Hope*, página 132

en el escenario más grande, las filas de las Oficinas Exteriores o Coloniales. [63]

Este sistema demostró ser muy eficaz. Le permitió a la creciente Red permanecer oculta, mientras que sus fundadores ejercían un nivel de control que "difícilmente podía ser exagerado". Como prueba de ello, Quigley ofrece una lista parcial de los llamados logros del grupo. Entre ellos:

- La Segunda Guerra Bóer (1899-1902)
- La partición de Irlanda, Palestina e India
- La formación y la gestión de la Sociedad de las Naciones
- La política británica de "apaciguamiento" (política de empoderamiento) de Hitler
- El control de *The Times*, Oxford, y quienes escribían "la historia de la política Británica Imperial y exterior"

Quigley añade:

Sería de esperar que la existencia de un Grupo que podía contar como propios estos logros, sería un tema conocido entre los estudiosos de la historia. En este caso, no es así. [64]

Otra cosa que "no se percibe" al enumerar desapasionadamente una lista de "logros" como los anteriores, es la verdadera gravedad e impacto de tales eventos. Para proporcionar un poco de perspectiva, vamos a revisar brevemente uno de los logros anteriormente mencionados. Dicen que una imagen vale más que mil palabras, así que

---

[63] *The Anglo-American Establishment,* página 91
[64] *The Anglo-American Establishment,* página 5

vamos a empezar con una imagen de sólo *uno* de los miles de niños (Lizzie Van Zyl) que murieron de hambre en los campos de concentración británicos durante la Segunda Guerra Bóer.

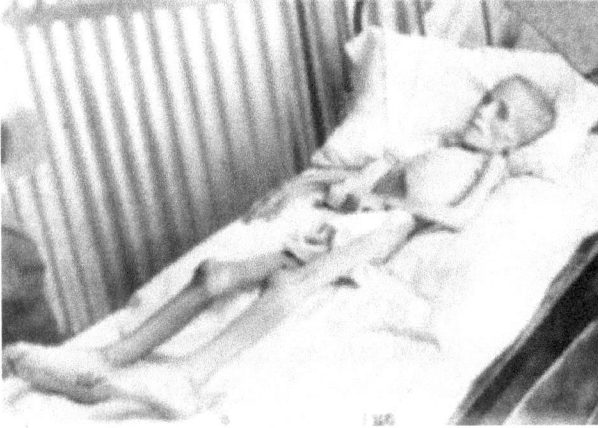

La Segunda Guerra Bóer

Rhodes, como miembro de "la mejor raza del mundo," necesitaba dinero para financiar su proyecto de dominación mundial. Para obtener ese dinero, no tuvo ningún problema en aprovechar los valiosos recursos de los "especímenes despreciables de seres humanos", que por derecho le correspondían. Como tal, usó su gran influencia sobre la política imperial británica (la capacidad de dirigir su fuerza militar) contra los Bóers en Sudáfrica.

Debe tenerse en cuenta que su primer intento de apoderarse de la tierra y los recursos Bóer, una conspiración conocida como "la Incursión de Jameson", fracasó rotundamente. Y aunque él y su Red habían dirigido claramente la conspiración, y aunque los líderes que seleccionó para derrocar al gobierno Bóer fueron capturados en el acto, las consecuencias del intento de

golpe no fueron suficientes para evitar una conspiración
más ambiciosa (la Segunda Guerra Bóer) que ocurrió
algunos años más tarde.

Nota al Margen: el hermano de Cecil, Frank Rhodes,
fue uno de los líderes capturados y juzgados por el gobierno
Bóer por la Incursión de Jameson [65] Si tiene alguna duda
acerca de los beneficios de estar en la clase dominante, esto
debería dejarle las cosas claras:

> Por conspirar con el Dr. Jameson… miembros de
> la Comisión de Reforma… fueron juzgados en los
> tribunales del Transvaal y acusados como culpables de
> alta traición. Los cuatro líderes fueron condenados
> a muerte en la horca, pero al día siguiente esta
> sentencia fue conmutada por 15 años de prisión;
> y en junio de 1896 [seis meses después] los demás
> miembros de la Comisión fueron puestos en libertad
> previo pago de multas de £ 2,000 cada una, las cuales
> fueron pagadas por Cecil Rhodes.
>
> Jan C. Smuts escribió en 1906, "La Incursión de
> Jameson fue la declaración real de guerra, por lo que,
> a pesar de los cuatro años de tregua que prosiguieron,
> los agresores consolidaron su alianza; por otra parte
> los defensores, en silencio y tristemente, debieron
> prepararse para lo inevitable. " [66]

En los años siguientes a la fallida Incursión de Jameson,
la Red comenzó a mover sus hilos para realizar la anexión
británica de las Repúblicas Bóer. Después de una amplia
concentración militar británica y de negociaciones fallidas,
finalmente ocurrió lo inevitable. Paul Kruger (conocido
como la "cara de la resistencia Bóer" [67] vio que no podía

---

[65] *Wikipedia*, Jameson Raid
[66] http://en.wikipedia.org/wiki/Second_Boer_War
[67] *Wikipedia*, Paul Kruger

evitarse el estallido de la guerra y emitió un ultimátum a los británicos, exigiendo que retiraran todas las tropas de las fronteras de la República de Transvaal y el Estado Libre de Orange en un plazo de cuarenta y ocho horas. [68] Si los británicos se negaban, las dos repúblicas iniciarían la guerra.

> Las principales respuestas llegaron en forma de indignación y burla. El editor de *The Times* se rio en voz alta cuando la leyó, diciendo que "un documento oficial es rara vez divertido y útil, sin embargo, éste cumple con ambas características". *The Times* denunció el ultimátum como una "farsa extravagante". *The Globe* denunció a este "pequeño estado insignificante". La mayoría de las editoriales eran similares al *Daily Telegraph*, que declaraba: "por supuesto, sólo puede haber una respuesta a este grotesco reto. Kruger ha pedido la guerra, ¡y guerra es lo que tendrá!" [69]

Y tuvieron guerra, con toda la injusticia y la brutalidad que uno puede esperar: robos, sometimientos, sufrimiento y asesinatos. A pesar de que la Red y sus partidarios esperaban una victoria rápida y fácil sobre los "insignificantes" estados que se atrevieron a desafiar al Imperio Británico, ése no fue el caso. Los Bóers eran hábiles cazadores y combatientes competentes. Las semanas se convirtieron en meses, y los meses en años, los Bóers (determinados a recuperar

---

[68] Vale la pena señalar que Jan Smuts fue el principal asesor político del presidente Kruger y que Smuts escribió el ultimátum para que la guerra fuese inevitable. ¿Porque es esto importante? La respuesta es que Smuts era también un "vigoroso partidario de Rhodes" y, finalmente, se convirtió en "uno de los miembros más importantes" de la Red. En otras palabras, los agentes de la Red estaban desempeñando labores en ambos lados del conflicto, guiando cuidadosamente a las naciones británicas y sudafricanas a la guerra. (*Tragedy and Hope*, página 137)

[69] http://en.wikipedia.org/wiki/Second_Boer_War

la independencia de su propio territorio) llevaron a los británicos a emplear una política de tierra quemada.

> Mientras las tropas británicas barrían el campo, destruían sistemáticamente cultivos, quemaban propiedades y granjas, envenenaban pozos e internaban a las mujeres, los niños y los trabajadores Bóer y africanos en campos de concentración.
>
> El sistema de campos de concentración de la Guerra Bóer marcó la primera vez en que una nación entera era un blanco sistemático, y la primera vez en que se despoblaban algunas regiones enteras.
>
> Aunque la mayoría de los africanos negros no fueron considerados hostiles por los británicos, muchas decenas de miles también fueron desplazados por la fuerza de las áreas de Bóer y colocados en campos de concentración. [70]

En última instancia, el sistema de campos de concentración resultó ser más letal que el campo de batalla. Al final de la guerra, casi el 50 por ciento de todos los niños Bóer menores de dieciséis años de edad había "muerto de hambre, enfermedad y congelación en los campos de concentración". En total, aproximadamente el 25 por ciento de la población Bóer presa murió, y las muertes civiles totales en los campos (en su mayoría mujeres y niños) llegaron a veintiséis mil. (La imagen de Lizzie Van Zyl representa sólo una de esas veintiséis mil caras). [71]

Por desgracia, estas cifras representan sólo a los civiles Bóer muertos. En total, el número de muertos de la Segunda Guerra Bóer superó las setenta mil vidas, con más de veinticinco mil combatientes muertos y un adicional de

---

[70] *Wikipedia,* Second Boer War
[71] *Wikipedia,* Second Boer War

veinte mil africanos negros, de los cuales un 75 por ciento murió en los campos de concentración británicos. Pero, por supuesto, esto era sólo el comienzo y un pequeño precio a pagar por la Red. Las repúblicas derrotadas fueron absorbidas por el imperio y finalmente agregadas a la Unión Sudafricana (también una creación de la Red, que sirvió como un aliado británico durante las dos Guerras Mundiales). [72]

Espero que este breve esbozo de la Segunda Guerra Bóer agregue cierta complejidad a uno de los primeros "logros" de Rhodes y sus compañeros conspiradores. Considerando el sufrimiento inconmensurable provocado por algunos de sus otros llamados logros, como el millón o más de personas que murió cuando se decidió la partición de la India, o los millones más que murieron como resultado de su proyecto de empoderar a Hitler, la afirmación de Quigley de que este grupo es "uno de los hechos más importantes del siglo XX" es difícil de negar.

A medida que el gobierno británico sufría las consecuencias políticas de las decisiones de la Red, y la ciudadanía británica y los soldados pagaban los costos en sangre y dinero, la sociedad secreta que Rhodes creó fue capaz de operar sin temor a verse afectada por las repercusiones directas. El gobierno británico era ahora uno de sus instrumentos, al igual que Oxford, *The Times,* la Liga de Naciones, y el Instituto Real de Asuntos Internacionales (por nombrar algunos). Externamente, cada uno parecía no tener conexión alguna entre ellos, pero, en realidad, todos estaban dominados por el mismo grupo de individuos.

En un raro momento de crítica honesta, Quigley advierte a sus lectores:

---

[72] *Wikipedia,* Second Boer War

Ningún país que valore su seguridad debe permitir lo que logró el Grupo Milner en Gran Bretaña, es decir, que un pequeño número de hombres pueda ejercer tal poder en la administración y la política, tener un control casi completo sobre la publicación de los documentos relacionados a sus acciones, y ejercer tal influencia sobre los medios de información que crean la opinión pública.

Tal poder, cualesquiera que sean sus objetivos, es demasiado para ser confiado sin problema alguno a un grupo en particular. [73]

A partir de esa base, vamos a alejarnos ahora del impacto de la red en Europa, África y Asia. Si bien esas historias pueden ser trágicas e interesantes, hay otro continente (América del Norte) que Rhodes quiso controlar desde el principio.

El primer deseo de Rhodes fue crear un poder global tan grande que "volviera imposibles a las guerras (O mejor dicho, volviera imposible *resistirse* a la Red). No es sorprendente que este objetivo de crear un poder global inexpugnable requería "recuperar los Estados Unidos de América como una parte integral del Imperio británico". [74]

En el siguiente capítulo, vamos a revisar cómo la Red se infiltró con éxito en el sistema político y económico de los Estados Unidos y lo convirtió en uno más de sus instrumentos en su búsqueda de la dominación global.

---

[73] *The Anglo-American Establishment,* página 197
[74] *The Anglo-American Establishment,* página 33

CAPÍTULO 3

La Red "recupera" América

Dos hombres, Cecil Rhodes y Lord Milner, desempeñaron un papel clave en la creación y expansión de la Red. Sus acciones cambiaron el mundo para siempre, y por esa razón ninguna descripción de la Red (o de la historia moderna en este aspecto) estaría completa si no los mencionáramos.

De la misma manera, otros dos hombres jugaron un papel clave en colaborar con que la Red alcanzara uno de sus objetivos fundamentales: recuperar el control de los Estados Unidos de América. El primer hombre, Edward Mandell House, era claramente un siervo bien dispuesto y falaz. El segundo hombre, el presidente Woodrow Wilson, ciertamente era un ingenuo bien intencionado. Pero antes de incorporar a estos dos personajes a la historia, vamos a hablar de *por qué* era necesario para la Red "recuperar" los Estados Unidos y destruir su soberanía política y económica.

Dominación Mundial 101

En todo plan orientado a garantizar la dominación global, siempre hay un elemento no negociable: las naciones soberanas (naciones verdaderamente *independientes*) son inaceptables. ¿Por qué? Porque la dominación global busca centralizar todo el poder en manos de los potenciales

49

gobernantes. Las naciones independientes obstaculizan su afianzamiento y alteran la cadena de mando.

Esta afirmación puede parecer algo bastante sencillo de entender, pero, dado que rara vez se la reduce a su forma más simple, vale la pena repetirla: **para gobernar el mundo, primero se debe destruir la soberanía nacional.** Se deben afianzar y controlar las *verdaderas* palancas del poder, independientemente de las diferentes *formas* de gobierno de cada país.

Si con "las formas democráticas de gobierno" se puede persuadir a la mayoría a aceptar sus políticas globales, entonces, deben utilizarse las formas democráticas. Si las formas tiránicas de gobierno son más eficaces para alcanzar ese objetivo, entonces habrá tiranía. Si cambiar una forma de gobierno por otra (poniendo de cabeza a las naciones y a las sociedades) brinda la oportunidad para alcanzar los objetivos... Que así sea. Todo lo que realmente importa es que se controle a los líderes que parecen ostentar el poder y que se pueda dominar o destruir a esos *líderes* si se les llegara a olvidar (o simplemente no se dieran cuenta) quién es el verdadero jefe.

Esto es lo que Quigley quiso decir cuando afirmó que a los miembros de la Red "los satisface poseer la realidad más que la apariencia del poder". [75] En la medida en que ellos dirigen la maquinaria política y económica de las naciones -en la medida en que pueden destruir la soberanía nacional e imponer *sus* políticas sobre los ciudadanos del mundo- poseen la realidad del poder. Y para lograr este fin, todo aquello que pueda debilitar la soberanía nacional es su aliado; todo lo que la refuerce es su enemigo.

Por desgracia, como señala Ed Griffin en *The Quigley Formula* ("La Fórmula Quigley"), a muchas personas les resulta difícil creer que sus muy respetados "líderes"

---

[75] *The Anglo-American Establishment*, página 4

estén conspirando para sustraerlos de un gobierno verdaderamente representativo. Después de todo, nuestros líderes cantan constantemente las virtudes del gobierno representativo. Nos dicen que los ciudadanos son soberanos, los electores dirigen las políticas nacionales, y cualquier otra afirmación en sentido contrario es considerada ridícula. Después de una vida de estar escuchando esta versión de la realidad, la idea de una conspiración mundial para destruir la soberanía nacional (que incluiría tanto al gobierno como a los asesores del gobierno) es, comprensiblemente, difícil de aceptar. Pero, a menudo, la mejor arma contra la incredulidad instintiva viene directamente de los propios conspiradores. Por ejemplo, Arnold J. Toynbee (un miembro de alto rango de la Red), dejó pocas dudas al respecto cuando escribió:

> Por medio de la presente repito que, en la actualidad, estamos trabajando con discreción pero con todas nuestras fuerzas para arrancar esta fuerza política misteriosa llamada soberanía de las garras de los estados nacionales de nuestro mundo. **Y todo el tiempo estamos negando con nuestros labios** lo que hacemos con nuestras manos. [76]

Tal como lo descubrió Quigley, el Consejo de Relaciones Exteriores (CFR) no es más que una fachada de la Red. [77] Por esta razón, su posición en relación con la soberanía nacional es predecible. Aquí hay algunas citas muy apropiadas de miembros del CFR tomadas de la página 69 del libro *Dishonest Money: Financing the Road to Ruin,*:

---

[76] Arnold J. Toynbee, escrito en la edición de Noviembre 1931 de *InternationalAffairs*, citado por G. Edward Griffin en *The Quigley Formula,* http://youtu.be/ynVqPnMQ2sI?t=42m33s

[77] *Tragedy and Hope*, páginas 952 y 955

"La casa del orden mundial tendrá que construirse de abajo hacia arriba y no de arriba hacia abajo... tendrá que acabar con la soberanía nacional, **erosionándola pedazo a pedazo**, logrará mucho más que la vieja estrategia del asalto frontal". - Richard Gardner, miembro del CFR

"Tendremos un gobierno mundial, nos guste o no. La cuestión es solamente si el gobierno mundial se logrará por consentimiento o conquista".- James Paul Warburg miembro de CFR

"Debe tener lugar algún tipo de debilitamiento... del sistema de soberanía tal como prevalece en el mundo de hoy... para perjuicio inmediato de las naciones con el predominio del poder... **Los Estados Unidos deben estar dispuestos a realizar sacrificios... para establecer un orden político-económico mundial".** - Foster Dulles, miembro del CFR

El Almirante Chester Ward, un miembro del CFR, que más tarde se convirtió en su duro crítico, resumió el objetivo predominante del CFR de esta manera: «el hundimiento de la soberanía y la independencia nacional de los Estados Unidos en un único gobierno mundial todopoderoso".

Una vez más, no debería sorprendernos esta política hacia la soberanía nacional. El CFR simplemente es una creación de la Red, y, como tal, fue *diseñado* para ayudar a la Red a alcanzar sus objetivos. Y aunque el CFR es sólo uno de los muchos instrumentos en el arsenal de la Red, es uno de los más poderosos. A pesar de que los miembros del CFR constituyen sólo aproximadamente el 0,0015 por ciento de la población de los Estados Unidos, han ocupado, y en la actualidad ocupan, un porcentaje inexplicablemente elevado de las posiciones más influyentes en nuestra sociedad.

Casi la totalidad de los líderes de los Estados Unidos han provenido de este pequeño grupo. Eso incluye a los presidentes y sus asesores, los miembros del gabinete, los embajadores, los miembros del consejo de la Reserva Federal, los directores de los bancos más grandes y las casas de inversión, los presidentes de las universidades y los directores de los periódicos metropolitanos, los servicios de noticias y las cadenas de televisión. [78]

Antes de continuar, vale la pena mencionar una razón adicional y muy importante por la que la Red buscó recuperar el control de los Estados Unidos: así como el gobierno británico se convirtió en un poderoso *instrumento* en la caja de herramientas de la Red, los Estados Unidos ofrecían una oportunidad aún mejor. Al tomar el control de la política exterior, la Red ahora podría tener acceso a los recursos militares, económicos y políticos de los Estados Unidos aun sin explotar. Podría utilizar esos recursos para continuar con lo que tan sólo se puede describir como su proyecto de destrucción de la soberanía. Como un beneficio adicional, podría ligar las consecuencias políticas y la deuda ineludible a los Estados Unidos. Y eso es exactamente lo que ha hecho.

Por ejemplo, desde su fundación en 1947, la CIA (una creación de la Red) [79] ha sido utilizada para desestabilizar y derrocar furtivamente a docenas de naciones que no cooperan [80] mientras que se ha utilizado al ejército de los Estados Unidos (controlado por los políticos que son

---

[78] *The Creature from Jekyll Island,* página 110
[79] Al anterior Presidente del CFR, Allen Dulles, se le atribuye la creación de la CIA (*The Secret History of the CIA*, Joseph Trento, página 44). Dulles pasó a ser el director de la CIA, y la usó para derrocar gobiernos y para llevar acabo otras operaciones altamente ilegales y nada éticas que servían a los intereses de la Red (lea *Wikipedia*, Allen Dulles).
[80] Ver "Covert US Regime Change Actions" en JoePlummer.com/bonus-material

dominados por la Red) para derribar decenas de gobiernos, directamente. Una vez más, los costos y los efectos negativos de rebote recaen sobre los Estados Unidos; los beneficios van a la Red. Es cierto que los Estados Unidos disfrutan del "beneficio" de *verse* sumamente poderosos, pero eso es sólo una broma cruel. Cuando la Red esté satisfecha con la eliminación de todos los principales obstáculos para su gobierno no elegido, destruir el dólar de los EE.UU., cortar «justificadamente» el flujo de dinero y crédito a los Estados Unidos, y crear el incentivo político (*necesidad*) de los Estados Unidos para entrar plenamente al nuevo sistema global, será algo muy simple de hacer.

Obviamente, ninguna de las acciones de la Red hasta este punto (y ninguno de sus planes para el futuro) hubiera sido posible sin apoderarse primero de las palancas del poder en los Estados Unidos. Así que, por ahora, volvamos a los dos hombres que lo hicieron posible.

Un Siervo Bien Dispuesto y Falaz

Un hombre poco atractivo y físicamente promedio está de pie, solo y deprimido, bajo un roble en la prestigiosa Academia Militar de West Point. Es el día de la graduación. A lo lejos, sus compañeros (la clase 1920) esperan con ansiedad su oportunidad para dirigir el ejército y el mundo libre del siglo XX. El presidente de los Estados Unidos, su secretario de Defensa, y otros distinguidos invitados se hicieron presentes para presenciar el evento, y esto se suma a lo que la mayoría considera como una atmósfera por demás embriagadora. Todos están llenos de entusiasmo y de propósito... todos, excepto el hombre que se encuentra debajo del roble.

A diferencia de sus compañeros, ha estado prestando atención al mundo que lo rodea. Ha estudiado cómo la influencia insidiosa de la riqueza sin límites ha desgarrado el tejido mismo de la nación. Incluso el propio ejército se había convertido en poco más que una prostituta en las últimas décadas, obligado a servir los intereses de aquellos que habían acumulado riquezas «superando todos los límites de la necesidad".

En silencio, sueña en un "muy-deseado estado de la sociedad", construido sobre los principios del "socialismo soñado por Karl Marx". [81] Nuestro héroe, un "hombre magistral de intelecto prodigioso," está resuelto a acelerar "un ajuste revolucionario" a la sociedad estadounidense. [82] Sin embargo, antes de que pueda arreglar la república, primero tiene que destruirla. Debe derribar el gobierno, declararse dictador, y triturar ese documento "obsoleto" y "vulgar" en el que se fundó la república (la Constitución de los Estados Unidos). Sólo él decidirá las leyes de la nación... Él se asegurará de que los "deseos del pueblo" se satisfagan de la mejor manera [83] (a menos que, por supuesto, algunas personas *deseen* resistirse a sus edictos. Ellos no tendrán representación. Ellos serán aniquilados. Asimismo, no se tolerará el ejercicio de la libertad de expresión en contra de las políticas del dictador). [84]

Si usted ha estado revisando las notas a pie de página de los últimos párrafos, habrá notado múltiples referencias a un libro titulado *Phillip Dru: Administrator*. Es una novela, publicada originalmente (de forma anónima) en 1912. ¿Por qué esa referencia a esta novela, usted se pregunta? Porque podemos aprender mucho sobre el "siervo bien dispuesto y falaz" (Edward Mandell House) a partir del mensaje anti-estadounidense del libro.

Para recapitular brevemente: *Phillip Dru: Administrator* es la historia de un hombre "intelectualmente superior"

---

[81] *Philip Dru: Administrator*, página 24
[82] *Philip Dru: Administrator*, página 31
[83] *Philip Dru: Administrator*, página 107
[84] *Philip Dru: Administrator*, página 74

que conspira para derrocar al gobierno de los Estados Unidos, asume poderes dictatoriales, y allana el camino para el socialismo soñado por Karl Marx. Nuestro héroe de «buen corazón», junto con otros personajes del libro, llega a la conclusión que, simplemente, las personas son incapaces de determinar su propio interés. Por lo tanto, es necesario realizar "un ajuste revolucionario" de su gobierno (ya sea que les guste o no). El héroe y sus compañeros de conspiración se propusieron rehacer a los Estados Unidos según sus propios deseos, y tuvieron éxito.

Si aún no lo ha adivinado, *Phillip Dru: Administrador* fue escrito por el mismísimo Edward Mandell House [85] En el libro, House argumenta que la dictadura es necesaria porque los ricos y poderosos han tomado el control, y están usando su poder contra los pobres y los menos favorecidos. Para entender todo lo cínicamente vergonzoso que es, tome en cuenta el hecho de que la propaganda de House estaba destinada a fortalecer, no a debilitar, a los mismos individuos "ricos y poderosos" que su libro condenaba.

Nota al margen: Ésta es una de las tácticas más comunes empleadas por la Red para manipular la opinión pública. Señalará una injusticia (a menudo causada por la propia Red), incita una tormenta emocional, y, en el apogeo de la histeria, ofrece una solución que promueve su propia agenda.

Quizás ésta sea la razón por la que House publicó anónimamente su novela. Habría sido muy difícil interesar a los lectores con su historia de enfrentamiento con la élite si hubieran sabido que el autor era "uno de los primeros en ser 'el poder en la sombra' de la política americana moderna". [86] En todo caso, vale la pena leer el libro, no por su valor de entretenimiento (ya que no está bien escrito),

---

[85] *Wikipedia*, Philip Dru: Administrator
[86] Según está citado en *To End All Wars: Woodrow Wilson and the Quest for a New World Order*, página 20

sino porque es una lectura breve que ofrece muchas ideas sobre la facilidad con la que un puñado de hombres puede manipular un sistema democrático de gobierno. Algunos ejemplos notables incluyen:

- Cómo un senador puede *pretender* representar a los ciudadanos que votaron por él, cuando en realidad representa a los "intereses especiales" por los que había sido elegido para combatir (página 35)

- Cómo los miembros del poder en las sombras, antes de apoyar activamente a un candidato, se aseguran de que el candidato comprometido elegirá sus "asesores" de la lista aprobada por ese poder (página 38)

- Si un funcionario títere se pasa de la raya, cómo someterlo para volverlo a controlar (hacer que la prensa lo ataque y que las otras marionetas poderosas del gobierno hagan lo mismo (página 46)

- Cómo usar la facultad reglamentaria del gobierno para cobrar los tributos y canalizar el dinero de los impuestos a las empresas que *usted* elige. Cómo ser "generoso" con el dinero de otras personas y usar esa *generosidad* para fortalecer su posición en el poder político (página 94)

El libro incluso hace algunos comentarios despectivos sobre el electorado. Por ejemplo, al describir uno de los principales instrumentos usados para manipular a los funcionarios elegidos, nos enteramos de que la prensa "puede construir o destruir la carrera legislativa y política de un hombre, y los débiles y los vanos y los hombres con falsa conciencia que **las personas, en su fatua indiferencia,**

eligen para redactar sus leyes, rara vez evitan sucumbir a esta sutil influencia" (página 120).

Como ya se ha mencionado, el mismo House era un poder en la sombra. Sus conexiones con la Red le dieron el poder para favorecer o arruinar a políticos ambiciosos, y él ejerció este poder con gran habilidad. Antes de volver su atención al ámbito nacional, a House se le atribuye haber ayudado a cuatro diferentes candidatos a obtener la gobernación de Texas. [87] Pero de todos los candidatos que House logró crear, ninguno le rindió mejores beneficios que Woodrow Wilson.

Cuidadosamente seleccionado y manipulado, House usó a Wilson para crear los dos mecanismos de financiación esenciales para el "ajuste revolucionario" ideado por la Red para cambiar la sociedad estadounidense. Más específicamente: antes de la elección de Woodrow Wilson, la Red *no* poseía el poder de gravar con impuestos los ingresos de los ciudadanos de los Estados Unidos o de controlar la oferta monetaria de la nación. Poco después de asumir el cargo, Wilson convirtió ambos poderes en leyes. Más que nada, esto le permitió a House y a la Red alejar a los Estados Unidos de la soberanía y acercarla a la servidumbre.

El profesor Thomas J. Knock ofrece esta visión aguda de la importancia del libro de House, *Philip Dru: Administrador*:

> Philip Dru merece nuestra especial atención aunque sólo sea por la profética autoexposición de su autor. Claramente, lo que impulsaba a House en la vida era influir en el curso de la historia. Hasta cierto punto, tuvo éxito... Estaba en lo cierto cuando escribió: "Yo era como un espíritu sin cuerpo en busca de una forma corpórea. Encontré mi oportunidad en Woodrow Wilson". [88]

---

[87] *Wikipedia*, Edward M. House
[88] Según está citado en *To End All Wars: Woodrow Wilson and the Quest for a New World Order*, página 21

Woodrow Wilson, un
Ingenuo con Buenas Intenciones

Antes de seleccionar un candidato para un trabajo en particular, la Red debe investigar cuidadosamente a ese candidato. Obviamente, esto no es un problema para aquellos que tienen agencias de inteligencia y otros recursos de investigación a su disposición. Fácilmente se puede recolectar una gran cantidad de información personal de cualquier individuo [89] y, si el individuo se ve prometedor, un reclutador (como Mandell House) sabrá exactamente qué botones apretar para atraer y manipular al nuevo recluta. Lo estaríamos subestimándolo ampliamente si dijéramos que Wilson le debió parecer muy prometedor a la Red. Mucho antes de que House [90] lo seleccionara para la presidencia, él había demostrado su lealtad a los ideales del gobierno global y al socialismo así como su desprecio por la Constitución de los Estados Unidos.

En su libro *To End All Wars: Woodrow Wilson and the Quest for a New World Order*, Thomas J. Knock (un partidario de Wilson) proporciona una visión detallada de la mente de Wilson. Las similitudes entre Wilson y el llamado héroe de P*hilip Dru: Administrador* son muy preocupantes. Suponiendo que la Red pretendiera establecer un gobierno mundial centralizado, difícilmente podría haber encontrado un mejor paladín que Woodrow Wilson.

---

[89] En su libro *NATO's Secret Armies*, Daniel Ganser hace referencia a uno de los "mandamientos" de la CIA en lo que respecta al reclutamiento de leo individuos. "Cuando ... se considera y analiza al candidato para su posible contratación - use todas las fuentes y medios de control posibles... y verifique con: policía, escuelas, sociedades, lugares de trabajo, amigos, familiares, vecinos, escuche conversaciones privadas, realice registros domiciliarios. Necesita realizarse una vigilancia continua y prolongada del candidato antes de que sea contratado". *NATO's Secret Armies*, página 186

[90] Según está citado en *The Creature from Jekyll Island*, página 240, pié de página 1: "*The Columbia Encyclopedia* (Tercera Edición, 1962, p. 2334) dice que la nominación del Partido Demócrata fue para Wilson cuando William Jennings Bryan lo respaldó a él 'cuando Edward M. House se lo solicitó.'"

Ya en 1887, Wilson había escrito sobre una "confederación" de imperios [91] y había expresado su acuerdo con la idea central detrás del socialismo de Estado. Esa idea, escribió, es que "no hay ninguna línea entre los asuntos privados y públicos que el Estado no pueda cruzar a voluntad... es muy claro que en la teoría fundamental el socialismo y la democracia son casi, si no totalmente, una y la misma cosa". [92]

En opinión de Wilson, el gobierno de los Estados Unidos necesitaba avanzar hacia un control socialista centralizado y el poder ilimitado a fin de detener "el engrandecimiento de las grandes corporaciones que amenazaban con tragarse, no sólo a los individuos y a las pequeñas empresas, sino también al propio gobierno democrático". Wilson pasó a condenar "el individualismo equivocado y egoísta" y a proclamar que "todos necesitamos considerarnos socialistas". Vio que el poder concentrado, al que no se le pedía rendición de cuentas, le había permitido a "los ricos y poderosos unirse contra los pobres y débiles", y era hora de que el gobierno "dejara de lado" la timidez y "se convirtiera en una agencia para llevar adelante la reforma social y tomar el control político". [93]

Cada uno de estos argumentos es casi idéntico a los del héroe de ficción de House. Pero, a diferencia de House (quien usó los argumentos engañosamente, para justificar su creciente poder), Wilson probablemente creía que sus soluciones debilitarían las fuerzas monopólicas contra las que se manifestaba. Y, si era así, esto volvía a Wilson mucho más valioso para la Red que el típico político falso que diría cualquier cosa a cambio de un cheque y algo de poder.

---

[91] *To End All Wars: Woodrow Wilson and the Quest for a New World Order*, página 12
[92] Según está citado en *To End All Wars: Woodrow Wilson and the Quest for a New World Order*, página 7
[93] Según esta citado en *To End All Wars: Woodrow Wilson and the Quest for a New World Order*, página 7

Wilson construiría, *de manera abierta y apasionada*, lo que la Red nunca podría construir públicamente por sí misma.

Pero como si estos aspectos de la personalidad y la ideología de Wilson no fueran suficientes, había una última ventaja que la Red podría explotar: Woodrow Wilson era un hombre de imponente arrogancia e hipocresía. No se resistía a la creación de un poder imperial, siempre y cuando estuviera dirigido por las "personas adecuadas" (como él, sin duda) y siempre que se lo utilizara para las "razones correctas" (qué él mismo determinaría) En el caso de los Estados Unidos, declaró, "creo que Dios sembró en nosotros visiones de libertad... somos los elegidos... para mostrarle a las naciones del mundo cómo deben transitar por los caminos de la libertad". [94]

Al igual que con la mayoría de los políticos, cuando Wilson utiliza el pronombre "nosotros" (como en "somos elegidos"), habría sido más honesto si hubiera usado el pronombre "yo". *Más* precisamente: sentía que Dios *lo* había elegido para garantizar la libertad mundial por la fuerza, y hay al menos una referencia proporcionada por Sigmund Freud, donde Wilson abandona todo subterfugio retórico:

> Dios ordenó que yo debía ser el próximo Presidente de los Estados Unidos. Ni usted ni ningún otro mortal podría haberlo evitado. [95]

Otras citas aclaran aún más la fuerza del ego de Wilson. Por ejemplo, en su diario confidencial, escribió: «Por qué la generación actual no podría escribir, a través de mí, su autobiografía política». [96] En un discurso que dio como presidente (4 de julio, 1914), Wilson proclamó que el papel

---

[94] Según está citado en *To End All Wars: Woodrow Wilson and the Quest for a New World Order,* página 11
[95] Según está citado en *Woodrow Wilson, a Psychological Study*, página xi
[96] Según está citado en *Psychological Warfare and the New World Order*, página 52

de los Estados Unidos era ser "la luz que brillará por todas las generaciones y guiará los pasos de la humanidad hacia las metas de justicia, libertad y paz". [97] Y, que para lograrlo, Wilson comprometió generosamente "cada dólar» de la riqueza de América, "hasta la última gota de su sangre,» y toda la «energía de su pueblo". [98]

Incluso Henry Kissinger observó la "presunción de Wilson":

> En opinión de Wilson, no había ninguna diferencia esencial entre la libertad de América y la libertad del mundo…desarrolló una extraordinaria interpretación de lo que George Washington realmente había querido decir cuando advirtió sobre los peligros de intervenir en el exterior. Wilson redefinió "exterior" de una manera que seguramente habría sorprendido al primer presidente. Lo que Washington quiso decir, según Wilson, era que los Estados Unidos debía evitar enredarse en los *propósitos* de otros países. Sin embargo, Wilson argumentó que, nada de lo que se refiere a la humanidad "puede sernos ajeno o indiferente". Por lo tanto, Estados Unidos tenía carta blanca para involucrarse en el extranjero… Qué extraordinaria presunción derivar una carta blanca para la intervención global del mandato de uno de los Padres Fundadores contra la intervención en el exterior, y elaborar una filosofía de la neutralidad que ¡hizo que la participación en la guerra fuera inevitable! [99]

---

[97] Según está citado en *To End All Wars: Woodrow Wilson and the Quest for a New World Order,* página 20
[98] Según está citado en *To End All Wars: Woodrow Wilson and the Quest for a New World Order,* página 96
[99] *Diplomacy,* página 48

El deseo de Wilson de crear una estructura de poder global que "ninguna nación" o "combinación de naciones" pudiera rechazar,[100] junto con su complejo de mesías, proveyó los ingredientes psicológicos perfectos para convertir al hombre en un idiota útil. [101] Servando Gonzales resumió a la perfección la ecuación final: "Wilson era un hombre intoxicado con el sentimiento de su propia importancia y relevancia histórica" y, como tal, podía ser "manipulado fácilmente por cualquier oficial de inteligencia entrenado (como Edward Mandell House)". [102]

La evidencia sugiere que eso es exactamente lo que sucedió. La Red no tenía ninguna razón para revelarle a Wilson su propia existencia o sus planes acerca del Nuevo Orden Mundial. Por el contrario, tenía todas las razones para hacerle creer que la cruzada por un gobierno global era *su* idea, su propósito divino, para "hacer del mundo un lugar más seguro para la democracia".

En su libro, *The New Freedom*, Woodrow Wilson habló en contra de un poder monopólico de sombras que habría estado ejerciendo una influencia indebida en los Estados Unidos. Él escribió:

> Desde que entré a la política, los hombres me han confiado privadamente sus puntos de vista. Algunos de los hombres más grandes en los Estados Unidos en el campo del comercio y la manufactura tienen miedo de alguien, tienen miedo de algo. Ellos saben que hay un poder en algún lugar tan organizado, tan sutil, tan vigilante, tan entrelazado, tan completo, tan

---

[100] Según está citado en *To End All Wars: Woodrow Wilson and the Quest for a New World Order*, página 112

[101] Wikipedia, "useful idiot": "En la jerga política, *useful idiot* es un término peyorativo para quienes son percibidos como propagandista de una causa cuyas metas ellos no conocen, y que son usados cínicamente por los líderes de la causa".

[102] *Psychological Warfare and the New World Order*, página 53

penetrante, que prefieren hablar en voz baja cuando lo están condenando. [103]

Qué irónico que ese mismo poder "organizado, vigilante, y penetrante" es el que puso a Woodrow Wilson en la Casa Blanca... y esto nos conduce a otra parte muy importante de la historia.

Suponiendo que aceptamos el hecho de que Wilson era un ingenuo, y de que fue utilizado cínicamente por la Red para promover su agenda ya establecida, todavía no hemos abordado la estafa más impresionante: el que, en primer lugar, la Red logró engañar con éxito a millones de estadounidenses para que lo eligieran.

El Engaño Electoral

Pocos electores se detienen a pensar cómo inicialmente llegan a conocer "sus" candidatos para presidente. Si un hombre extraño llamara a sus puertas y les dijera "yo soy un candidato a la presidencia de los Estados Unidos," no hay casi ninguna posibilidad de que lo vieran como un candidato legítimo. Sin embargo, si se encuentran *exactamente al mismo candidato* en los principales instrumentos de propaganda de la Red (radio, prensa o televisión), sin pensarlo, su reacción es muy diferente. De repente, el desconocido *merece* que se lo considere seriamente.

Esto es a lo que Bernays se refiere como "uno de los principios más firmemente establecidos de la psicología de masas", y la Red aplica ese principio con maestría. En esencia, es lo siguiente: la gran mayoría de las personas acepta la idea de que hay individuos y organizaciones "*confiables*" que pueden pensar *por* ellas.

---

[103] Del libro de Woodrow Wilson, *The New Freedom*

En el caso de las elecciones, la gente confía en los llamados medios creíbles para reducir sus opciones a los candidatos de primer nivel. Sigue un espectáculo político de segunda y, al final, los electores eligen a quienes desean tener en el gobierno. Sin embargo, su elección no es cómo ellos creen. Claro, técnicamente *están* eligiendo a quien prefieren, pero están eligiendo de una lista de candidatos que se *eligió* previamente para ellos.

Lamentablemente, este truco funciona igual de bien hoy como hace cien años. Y a menos que éste se convierta en un concepto ampliamente entendido, va a seguir funcionando cien años más. Volviendo a Bernays, en su libro *Propaganda*:

> Las campañas políticas de hoy son todas un espectáculo de feria, todos los honores, toda la grandilocuencia, el brillo, y los discursos. En su mayor parte, no están relacionadas con la cuestión principal de estudiar científicamente al público, **proveerle un partido, un candidato, una plataforma… y venderle estas ideas y productos.**

En pocas palabras: sin el apoyo de la Red, un candidato será un don nadie en la elección. No podrá hacer otra cosa más que mendigar de puerta en puerta buscando el dinero necesario para echar a andar una (casi irrelevante) campaña publicitaria. Sin embargo, con el respaldo de la Red, el candidato puede contar con millones de dólares en donaciones de campaña, una larga lista de respaldos fiables, y una cantidad casi incalculable de exposición a través de los instrumentos de propaganda de la Red. (En el improbable caso de que surja un candidato verdaderamente independiente, con el dinero o con un número de seguidores suficientemente grande para ganar algo de terreno, la Red simplemente usará sus instrumentos para desprestigiar y aislar al candidato y a sus partidarios).

Para ser claros, esto no quiere decir que los candidatos respaldados por la Red estén necesariamente involucrados en el engaño electoral. "Presidente de los Estados Unidos" es un cargo que menos de cuarenta y cinco hombres han ocupado. El deseo de unirse a las filas de un club tan exclusivo, con todas sus ventajas concomitantes, sin duda es muy verdadero. Incluso, los candidatos podrían estar sinceramente en desacuerdo con algunas posiciones de sus oponentes. De hecho, es incluso mejor si lo están. (Las peleas sin sentido entre ellos, y la histeria partidaria que provocan en el público, contribuyen a crear la ilusión general de la elección). Sin embargo, en lo tocante a las cuestiones que más preocupan a la Red, cada candidato patrocinado es prácticamente idéntico en valor.

La belleza de este sistema está en su sencillez. La Red busca candidatos talentosos con potencial, lleva a cabo las necesarias verificaciones de antecedentes, y, después de transmitirles sus expectativas, ofrece su vital ayuda a un puñado de candidatos. Después de algo de "grandilocuencia, brillo, y discursos," el público elige entre los productos (partido, candidato, y la plataforma) que se les presentaron.

Ahora, rápidamente vamos a desarrollar un poco *cómo y por qué* la Red derrocó al presidente en ejercicio William Howard Taft e instaló a Woodrow Wilson.

Resumen del Golpe de Estado de 1912

La elección de 1912 presentaba una oportunidad increíble para la Red. Aunque William Howard Taft había servido bien a los conspiradores (por aceptar abiertamente la idea de renunciar a la soberanía de Estados Unidos y apoyar el mecanismo de financiación largamente deseado por la Red, el impuesto sobre la renta [104], no apoyó la medida más

---

[104] *Wikipedia*, William Howard Taft

importante de todas. Se negó a apoyar el plan de Nelson Aldrich de entregar el dinero de la nación a la Red con la creación de un banco central. [105] Dado que el banco central era necesario para dominar realmente a los Estados Unidos, el rechazo de Taft al plan Aldrich constituyó una enorme transgresión. Pero había un remedio, y el nombre del remedio era Woodrow Wilson.

Wilson había hecho más que "aceptar abiertamente la idea de renunciar a la soberanía nacional", había desarrollado una obsesión casi fanática con esa idea. No habría ningún problema para que evangelizara con pasión el Nuevo Orden Mundial en nombre de la Red.

Tampoco habría ningún problema para hacer que Wilson firmara la legislación del impuesto sobre la renta, esa estafa ideada por la Red. (El impuesto sobre la renta se vendió como una forma de castigar a los ricos y enriquecer a los pobres. En realidad, el impuesto simplemente extrae dinero de los ciudadanos de los Estados Unidos y lo vuelca directamente en los proyectos y los bolsillos de la Red).

Por último, pero no menos importante, sería mucho más fácil lograr el control de la oferta monetaria de la nación con Wilson en la Casa Blanca. Por una sola razón: Wilson admitió que realmente no entendía nada sobre el sistema bancario central, [106] y eso era algo *muy* conveniente. La Red podría proporcionar todos los asesores "correctos", quienes podrían dirigir la creación, de principio a fin, del llamado Sistema de la Reserva Federal.

Otra razón por la que el banco central sería más fácil de lograr con Wilson es que todo el asunto se había enmarcado, con éxito, en términos partidistas. Es decir, un plan anterior para un banco central había sido formulado por un senador republicano llamado Nelson Aldrich. Como todo el mundo

---

[105] *The Creature from Jekyll Island*, página 451
[106] *The Creature from Jekyll Island*, página 459

sabía que Aldrich era un infiltrado de la Red, la legislación fue rechazada por los demócratas por llevar su nombre. (Por esta razón, en gran parte creyó que los demócratas habían protegido al hombre común de otro ardid republicano en favor de las grandes empresas).

Con el pueblo convencido de que los demócratas lo habían protegido, cualquier otro plan de banco central presentado bajo una administración demócrata despertaría menos sospechas. La Red podría simplemente sacar el nombre de "Aldrich," envolver la legislación con alguna retórica *progresista*, y vender exactamente lo mismo con Wilson y su administración demócrata actuando como su vendedor de confianza. (Al igual que con el impuesto sobre la renta, el banco central se presentaría como una forma de "proteger al pueblo" de los ricos y poderosos. En verdad, realizaría exactamente lo contrario).

Nota al margen: La cuestión del banco central es tan crucial para el plan de la Red para dominar el mundo que he escrito un libro entero sobre el tema [107] Una parte considerable del siguiente capítulo estará dedicado a este tema, pero, por ahora, esto es lo Quigley dijo sobre lo que la Red pretende crear con su poder bancario central:

> ...Un sistema mundial de control financiero en manos privadas capaz de **dominar el sistema político de cada país**... El ápice del sistema sería... **un banco privado en manos de y controlado por los bancos centrales del mundo, los que serían, a su vez, empresas privadas. Cada banco central... buscaría dominar su gobierno** con su capacidad para controlar los préstamos del Tesoro, manipular las bolsas extranjeras, influir en el nivel de actividad económica del país, e influir

---

[107] Lea *Dishonest Money: Financing the Road to Ruin*

en los políticos dispuestos a cooperar a cambio de posteriores recompensas económicas en el mundo de los negocios. [108]

Como un recordatorio rápido, Quigley no está *adivinando* las intenciones de la Red. Él habla con la autoridad de un hombre que, en sus propias palabras, *conoce* "las operaciones de esta red", porque "la estudió durante veinte años, y durante dos años, a principios de la década de 1960, se le permitió examinar sus documentos y registros secretos". [109]

Por lo tanto, cuando se compara el candidato republicano, Taft, con el candidato demócrata, Wilson, no había ninguna duda sobre quién era el favorito de la Red. Se tomó la decisión, Mandell House visitó a Wilson, y comenzó el proceso de preparación de Wilson para la presidencia.

> En noviembre de 1911, Wilson se reunió con el Coronel Edward Mandell House, uno de los primeros en hacer y deshacer gobiernos de la política americana. "Casi desde el principio," el coronel recordaría más tarde, "nuestras mentes vibraron al unísono". Wilson coincidió con él: "El señor House es mi segunda personalidad... Sus pensamientos y los míos son uno". [110]

James Perloff describe una siguiente reunión en la sede del Partido Demócrata en Nueva York:

Wilson recibió un "curso de adoctrinamiento" de los líderes allí reunidos, y aceptó, en principio, hacer lo siguiente si resultaba elegido:

---

[108] *Tragedy and Hope*, página 324
[109] *Tragedy and Hope*, página 950
[110] *To End All Wars: Woodrow Wilson and the Quest for a New World Order*, página 20

- Apoyar la Reserva Federal que había sido planeada [banco central];
- Apoyar el impuesto sobre la renta;
- Recibir consejo si estallaba la guerra en Europa;
- Recibir consejo sobre quién debía integrar su gabinete. [111]

Como se ha mencionado en la nota a pie de página 16, House jaló todos los hilos necesarios para asegurarse de que la nominación demócrata a la presidencia recayera en Wilson. Pero con lo impresionante que tal nivel de influencia pude llegar a ser, todavía quedaba un largo camino por recorrer para poner un hombre en la Casa Blanca. Y, por desgracia para la Red, Taft era el *favorito para ganar la elección* frente a su candidato preferido. No era un problema en lo absoluto.

Quiso la "suerte" que la Red encontrara otro candidato con posibilidades para ir en contra de Taft. No era cualquier candidato, eso sí, pero un ex presidente republicano de dos mandatos. Y no dos mandatos presidenciales republicanos cualquiera, sino el mismo presidente republicano que Taft había reemplazado en 1909: Teddy Roosevelt.

Era un movimiento estratégico brillante. La razón más obvia era que, diez meses antes de las elecciones de 1912, Roosevelt había expresado su disposición a apoyar el plan Aldrich. [112] Por lo tanto, si Wilson o Roosevelt ganaban, la Red podría tener su banco central. Pero la razón más obvia no es la única o la que mejor explica por qué la Red vertió más de diez millones de dólares [113] (ajustados a la inflación) en la campaña de Roosevelt. Claro, Roosevelt era aceptable,

---

[111] *The Shadows of Power—The Council on Foreign Relations and the American Decline*, página 27
[112] *The Creature from Jekyll Island*, página 455
[113] *The Creature from Jekyll Island*, página 453

pero la Red todavía *prefería* a Wilson. Y, dividiendo el voto, podrían tenerlo. Perloff explica:

> Las encuestas mostraban al actual presidente Taft como un claro favorito sobre el rígido profesor de Princeton. Por lo tanto, **para dividir el voto republicano**, la [Red] puso dinero en Teddy Roosevelt por el Partido Progresista. JP Morgan and Co. era la columna vertebral financiera de la campaña de Roosevelt. La estrategia tuvo éxito. Los votos republicanos se dividieron entre Taft y Roosevelt y Woodrow Wilson se convirtió en el presidente con sólo el cuarenta y dos por ciento del voto popular. [114]

Los resultados completos de la elección 1912 fueron los siguientes: Wilson recibió el 41,8 por ciento de los votos, Roosevelt recibió el 27,4 por ciento, y Taft recibió sólo el 23,2 por ciento [115] ¿Cómo puede llegar a aceptarse algo así? William Howard Taft, un hombre que podría haber ganado cómodamente las elecciones con una gran mayoría, terminó en último lugar en una carrera de tres, con dos candidatos manufacturados de la Red. House lo resumió de esta manera: "Wilson fue elegido por Teddy Roosevelt" [116] El resto, como dicen, es historia.

Después de la elección, House procedió a ocupar los puestos importantes en el gabinete del presidente con los mejores asesores que la Red tenía para ofrecer. Condujo las decisiones de la política de Wilson como un "espíritu sin cuerpo" que había "encontrado su oportunidad" de darle forma al mundo con las manos de Wilson.

---

[114] *The Shadows of Power—The Council on Foreign Relations and the American Decline*, página 27
[115] *Wikipedia*, 1912 presidential campaign
[116] Según está citado en *The Creature from Jekyll Island*

Antes de terminar 1913, el impuesto sobre la renta
sería ley. Antes de finalizar 1913, el banco central sería una
realidad. Estos nuevos instrumentos le proporcionaron a
la Red la financiación y la influencia que necesitaba para
acelerar en gran medida su proyecto de destrucción de la
soberanía. Pero, por sí solos, estos logros no proporcionarían
las mejores oportunidades para poder sacar provecho de la
cruzada evangélica de Wilson de "hacer el mundo seguro
para la democracia". Sólo una guerra mundial larga y
prolongada, con financiación garantizada por los nuevos
instrumentos, podría lograrlo.

Una vez más, como una cosa de suerte, esa oportunidad
se presentó poco después de que Wilson asumiera el cargo.
La Primera Guerra Mundial proporcionó el impulso político
para el primer intento importante de la Red para establecer
un gobierno mundial (la Sociedad de las Naciones). Y
aunque no fue tan exitoso como podrían haberlo esperado,
la Sociedad de las Naciones, junto con todos los otros
"instrumentos" que salieron a la luz con Wilson, sentó las
bases para hacer posible todos los avances de la Red en los
pasados cien años.

CAPÍTULO 4

Dinero: El mejor instrumento

"En la antigüedad es frecuente observar...
el espectáculo de unos pocos hombres moldeando
la humanidad conforme a sus caprichos, gracias al
prestigio de la fuerza y el fraude".

—Frederic Bastiat[117]

Hasta el momento hemos demostrado, es lo que esperamos, cómo un pequeño grupo poderoso y muy secreto puede llegar a alterar el curso de la historia mundial. Además, hemos determinado que esta forma de poder coercitivo (oculto, deshonesto y peligroso) no es nada nuevo. Ha existido desde hace miles de años, como existió hace cientos de años, y existe hoy en día. Sólo han cambiado los nombres, la sofisticación y el alcance de sus "instrumentos". Dado que se trata de una forma de poder intrínsecamente ilegítima, no necesitamos encontrar ninguna otra justificación para librarnos de ella.

Como lo hemos señalado, un puñado de personas ha jugado un papel tan importante en la creación de nuestro sistema actual que es necesario nombrarlas. Sin embargo, señalar a los individuos dentro del sistema no va a resolver nuestros problemas. Incluso si sólo una de cada mil personas fuera un sociópata con un alto grado de genialidad (el

---

[117] *The Law*, página 50

porcentaje es probablemente *mucho* mayor), eso equivale a siete millones de potenciales reclutas para la Red. En otras palabras, siempre habrá una fuente inagotable de suplentes para llenar el pequeño número de puestos claves de decisión política dentro del sistema. Por esta razón, es el sistema *como tal* lo que debe ser destruido.

Afortunadamente para nosotros, podemos atacar un blanco vital; un elemento fundamental sobre el que está construido todo el sistema y del que no puede prescindir: el control de la Red sobre el dinero. *Ésta* es su arma principal, y tenemos el poder para arrebatársela.

La gran mayoría de la gente -gente como usted y yo- no cree que el dinero sea un arma. Para nosotros, es simplemente algo que ganamos y luego usamos para comprar productos y servicios. Por otra parte, la Red tiene una comprensión mucho, mucho más profunda de lo que es el dinero y de cómo usar su poder. Para ellos, el dinero no es una forma de adquirir más bienes materiales o de servicios; es una forma de adquirir un mayor *control* sobre los recursos y los instrumentos que rigen el comportamiento humano. Desde esta perspectiva, su aparentemente insaciable deseo de acumular y controlar el dinero tiene mucho más sentido.

Tenga en cuenta que esto no significa que la propiedad personal del dinero sea el instrumento monetario más eficaz de la Red. De hecho, podríamos quitarles sus fortunas personales a todos los miembros y, si eso es todo lo que hiciéramos, su poder quedaría intacto, y ellos reconstruirían sus fortunas en poco tiempo. Esto se debe a que la Red sabe algo que la mayoría de nosotros desconoce: es el *control* del dinero, no la "propiedad" real, lo que realmente importa. Donde usted o yo no podríamos imaginar de qué se trata tener la capacidad de controlar dinero que no nos pertenece, la Red no puede imaginar cómo obtenerlo de otra manera.

En este capítulo, vamos a cubrir los tres mecanismos principales que utiliza la red para perpetuar su poder monetario. Estos mecanismos son: (1) la capacidad de combinar y controlar las ganancias de los demás, (2) la capacidad de confiscar directamente los ingresos de los otros, y (3) la capacidad de crear dinero de la nada.

1: Combinar y Controlar el Dinero

En las páginas 50-51 de *Tragedy and Hope*, Quigley habla sobre un grupo que emplea "el capitalismo financiero" para monopolizar los negocios y controlar al gobierno. Como expertos en la "manipulación financiera," estos hombres "aspiraban a establecer dinastías de banqueros internacionales" y, de acuerdo con Quigley, lo lograron con éxito y a un nivel que rivaliza con las dinastías políticas de los siglos pasados. Desde su centro de operaciones en Londres, y filiales en Nueva York y París, el poder de este grupo es descrito como algo "abrumador" en importancia y "oculto" por naturaleza. En 1850[118] podían acceder al inmenso poder monetario de "la bolsa de valores, el Banco de Inglaterra, y el mercado monetario de Londres". Pero esto no es nada más que el principio.

> Con el tiempo, incluyeron en sus redes financieras... a los bancos y cajas de ahorros, así como a las compañías de seguros, para integrarlos en un solo sistema financiero a escala internacional que manipulaba la cantidad y el flujo de dinero.

---

[118] Vale la pena señalar que este período de "capitalismo financiero" es claramente anterior a la red creada por Rhodes que Quigley describe tanto en *The Anglo-American Establishment y en Tragedy and Hope*. Por lo tanto, es razonable sugerir que las raíces reales de la red de Rhodes (y el poder real) existieron mucho antes de que Cecil Rhodes entrara en escena. Sin embargo, dado que este libro se centra en la conspiración comprobada (identificada y expuesta por Quigley), necesita buscarse en otra parte la descripción detallada de lo que existía antes de Rhodes.

Solo para aclarar: estos hombres no *poseían* el dinero que los ciudadanos depositaban en los bancos y en las cajas de ahorros. No *poseían* el dinero que los ciudadanos depositaban en los fondos de jubilación, fondos de seguros o fondos fiduciarios. Sin embargo, como ya se ha mencionado, no necesitaban poseer el dinero. Todo lo que necesitaban era el poder de *controlarlo*, el cual *tenían*. Mientras una institución dentro de su "red financiera" tuviera los fondos, ellos podrían dirigir esos fondos para aumentar su poder. Por sí solos, ellos decidían cómo y dónde se invertiría ese enorme fondo internacional de dinero.

> Los banqueros, sobre todo... los banqueros inversionistas internacionales fueron capaces de dominar tanto las empresas como el gobierno. Podían controlar los negocios... porque los banqueros inversionistas tenían la capacidad de suministrar, o negarse a suministrar, el capital... ocupaban cargos en los consejos de administración de las empresas industriales, como ya lo habían hecho en los bancos comerciales, cajas de ahorro, compañías de seguros y las compañías financieras... **canalizaban el capital a las empresas que les cedían el control, y se lo retiraban a quienes se resistían.**[119]

Nota al margen: Quigley señala que los banqueros tienen mucho menos poder sobre quienes pueden financiar sus propias operaciones[120]. Por tanto, a cualquier grupo que busque crear una "dinastía de banqueros internacionales" le sería conveniente crear un sistema basado en la deuda y socavar la financiación independiente. Cualquier cosa que devore o elimine la riqueza de quienes están afuera de la

---

[119] *Tragedy and Hope*, páginas 60 y 61
[120] *Tragedy and Hope*, páginas 56 y 60

Red brindará un sinfín de oportunidades para los miembros de la *dinastía*, quienes gozarán de una fuente *inagotable*[121] de dinero para dar en préstamo (siempre con condiciones):

> El poder de los banqueros inversionistas sobre los gobiernos se basa en una serie de factores, de los cuales el más importante quizás sea la necesidad de los gobiernos de pedir dinero prestado. Así como los empresarios se dirigen a los bancos comerciales para obtener adelantos de capital... un gobierno necesita acudir a bancos mercantiles (o a instituciones controladas por ellos) para hacer frente a los baches financieros creados por las recaudaciones fiscales irregulares. Al ser expertos en bonos del gobierno, los banqueros internacionales no sólo otorgan los avances solicitados, sino también brindan asesoramiento a los funcionarios del gobierno y, en muchas ocasiones, colocan a sus propios miembros en puestos del gobierno...
>
> Además de ejercer un poder sobre el gobierno a través del financiamiento gubernamental y su influencia personal, los banqueros, usando otro tipo de presiones, podían dirigir a los gobiernos hacia donde ellos quisieran. Como la mayoría de los funcionarios del gobierno creía desconocer el mundo de las finanzas, buscaba el asesoramiento de los banqueros, a quienes consideraban expertos en el tema. **La historia del siglo pasado demuestra... que el consejo que los banqueros le brindaron a los gobiernos, como el consejo que le dieron a los industriales, resultó algo consistentemente bueno para los banqueros, pero fue a menudo**

---

[121] Estos banqueros internacionales eventualmente se otorgaron el poder de crear dinero de la nada, para poder "prestárselo" a los demás.

desastroso para los gobiernos, los empresarios y el pueblo en general. Estas recomendaciones podían hacerse efectivas, si era necesario, mediante la manipulación de las bolsas de valores, los flujos de oro, las tasas de descuento, e incluso los niveles de actividad empresarial.[122]

Resumiendo: al usar enormes cantidades del dinero de otras personas, los banqueros internacionales, esencialmente compraban su acceso a poderosas posiciones empresariales y gubernamentales. Con cada nueva posición, adquirían control sobre más dinero. Al controlar más dinero, lograban tener acceso a más posiciones (y así sucesivamente). En virtud de este proceso, se aseguraban de contar con el suficiente poder monetario para *imponer* sus "consejos" a empresas y gobiernos por igual, ampliando el alcance de sus "dinastías" ocultas en cada paso que daban.

Esto nos lleva ahora a dos obras cumbre de la Red en 1913: el impuesto federal sobre la renta y el Sistema de la Reserva Federal.

Usando al *gobierno* como su instrumento, la Red se concedió la autoridad legal para tanto crear como confiscar directamente el dinero que necesita para financiar sus objetivos globales. Este tema es tan amplio, especialmente en relación con el derecho legal para *crear* dinero, que se requeriría de cientos de páginas para poder desarrollarlo adecuadamente. En este capítulo únicamente proporcionaremos una breve introducción. Para comprender completamente el poder derivado de la creación de dinero, le recomiendo ampliamente la investigación adicional sobre el sistema de la Reserva Federal[123]. Por ahora, empecemos con el más sencillo de

---

[122] *Tragedy and Hope*, páginas 61 y 62
[123] Una buena guía para un principiante (menos de doscientas páginas) *es Dishonest Money: Financing the Road to Ruin*. Para un recuento más extendido (seiscientas

los dos mecanismos de financiamiento: no la *creación* de dinero, sino la *confiscación* del dinero.

2: Confiscar el Dinero

En la página 938 de *Tragedy and Hope*, Quigley llega a una conclusión errónea. Él *supone* que J. P. Morgan, Rockefeller, Carnegie, etc., *no tenían* control sobre el gobierno en 1913. Si hubieran tenido más poder, sugiere, habrían evitado que se convirtiera en ley el impuesto federal sobre la renta. Al igual que muchas otras personas que aceptaron la supuesta finalidad del impuesto sobre la renta, Quigley no hace bien las cuentas: un impuesto sobre la renta que se paga en *un sistema que la Red controla* sólo sirve para reforzar la posición de la Red. Se crea otro flujo masivo de dinero perteneciente a otras personas que podrán aprovechar.

Incluso *si*, como todo el mundo, los miembros de alto rango como JP Morgan, Rockefeller, Carnegie, etc., hubieran pagado el impuesto sobre la renta, aun así, tendrían control sobre mucho más dinero del que pagaron. (La cantidad de dinero recolectada del resto de la población *por año* alcanzó los miles de millones en 1917, y luego las decenas de miles de millones a mediados de la década de 1940, luego los cientos de miles de millones a mediados de la década de 1970, y ascendió a varios billones en la actualidad).[124] Recuerde, ellos no necesitan ser *dueños* de ese dinero para poder decidir en qué se lo gasta.

Por supuesto, estos hombres no pagaron impuestos sobre la renta como todos los demás. En cambio, *antes* de que el impuesto sobre la renta se convirtiera en ley, utilizaron el gobierno para crear fundaciones "exentas de impuestos". Esto no sólo les permitió proteger sus fortunas

---

páginas), recomiendo ampliamente *The Creature from Jekyll Island.*
[124] USGovernmentRevenue.com

personales, sino también obtener un mayor control sobre el sistema de educación de la Ivy League y sobre el propio gobierno federal. Es sorprendente que Quigley reconozca el efecto final del impuesto sobre la renta y las fundaciones exentas de impuestos, pero no vaya mucho más allá:

> Estas leyes fiscales transformaron las grandes fortunas privadas... en fundaciones exentas de impuestos que se convirtieron en un eslabón importante del Sistema de la red entre Wall Street, la Ivy League, y el gobierno federal.[125]

Para darse una idea de lo que la Red realmente pensaba sobre el impuesto sobre la renta, sólo dirijamos nuevamente nuestra atención a E. M. House. En su libro de *Philip Dru: Administrator* (escrito en forma anónima antes de que se aprobara la enmienda a la ley del impuestos sobre la renta), House atacó abiertamente la "grotesca" Constitución de los Estados Unidos porque impedía que "el gobierno" cobrara el impuesto sobre la renta a sus ciudadanos.[126] Poco después de que el nuevo presidente (Woodrow Wilson) elegido por House tomara posesión del cargo, se eliminó la "grotesca" barrera constitucional, y el dinero comenzó a fluir.

Lamentablemente, pocos estadounidenses se dan cuenta de que antes de 1913[127] los Estados Unidos no tenían un impuesto permanente sobre la renta personal. Piénselo un momento... Los Estados Unidos pasaron de ser un país escasamente poblado y salvaje en 1776 a ser la nación más

---

[125] *Tragedy and Hope*, página 938
[126] Philip Dru: Administrator, página 107
[127] Lincoln impuso un *impuesto sobre la renta* temporal para financiar la guerra civil en 1861. Aunque el impuesto sobrevivió a la guerra, cesó alrededor del año 1873. Un intento en 1894 para crear un impuesto a la renta permanente fue declarado inconstitucional por el Tribunal Supremo un año más tarde (ver . Pollock v. Farmers' Loan & Trust Company '). No fue hasta 1913, con la aprobación de la enmienda XVI, que nuestro actual impuesto federal sobre la renta se comenzó a aplicar.

próspera y podría decirse la más poderosa en el planeta *sin* un impuesto sobre la renta. Contrariamente a la creencia popular, no tener un impuesto sobre la renta *no significa* que su país esté condenado (social, política, militar y económicamente) a tener el estatus global de Somalia.

Otro hecho poco conocido sobre el impuesto sobre la renta: si ahora suprimiéramos el impuesto sobre la renta personal, el gobierno federal todavía podría recolectar cerca de 3 mil millones de dólares en ingresos *por día* (125 millones de dólares por hora).

Compare esto con sus ingresos en 1913, de menos de mil millones de dólares por *año*[128], y la obscenidad de lo que la Red ha logrado resulta algo bastante claro. Incluso después de los ajustes por la inflación, las cifras siguen siendo alarmantes. (Mil millones de dólares por año en 1913 serían alrededor de 25 mil millones por año en la actualidad[129]. A la tasa actual del gasto federal, ¡ese monto de 25 mil millones de dólares ajustados a la inflación habría desaparecido en poco más de dos días!)[130]

Todo este gasto federal requiere de un flujo cada vez mayor de dinero. Siga ese flujo, y encontrará que, inevitablemente, desemboca en un océano de industrias e "intereses" conectados a la Red. Incluso los servicios humanitarios del "gobierno" como los cupones de alimentos son manejados por JP Morgan y generan millones de dólares para esa empresa. Revise el complejo militar-industrial, que sirve al principal interés de la Red (su proyecto de destrucción de la soberanía), y los costes, financieros y de otro tipo, y seguramente se sentirá abrumado. Pero con todo lo malo que es, solo hemos arañado la superficie.

Sí, básicamente el impuesto sobre la renta le entregó a la Red una licencia para robar. Sin su instrumento (gobierno),

---

[128] USGovernmentRevenue.com/classic
[129] USInflationCalculator.com
[130] USGovernmentRevenue.com/classic

no habría manera de confiscar directamente billones de dólares anuales del trabajo de los ciudadanos de Estados Unidos. El poder de este mecanismo de financiamiento, que no existió por casi 140 años en nuestro país, ha fortalecido inconmensurablemente la influencia global de la Red. Sin embargo, incluso en sus mejores días, el llamado impuesto sobre la renta ocupa un distante segundo lugar frente a el mayor de todos los poderes monetarios: el poder de *crear dinero* de la nada.

3: Crear Dinero—Crear Crédito— Crear DEUDA Imprescriptible

En el siguiente capítulo, vamos a revisar brevemente los mecanismos básicos para la creación de dinero, crédito y deuda imprescriptible. Por ahora, vamos a tratar algo que es seguramente más importante y *definitivamente* más fácil de entender: las implicaciones de poseer un poder monetario tan impresionante y la historia de cómo la Red se apoderó de él. En primer lugar, las implicaciones. Vamos a empezar con algo sencillo y lo iremos haciendo más complejo.

¿Puede usted imaginar que el gobierno le dé 100 millones de dólares? Piénselo un momento. Mañana, al mediodía, el gobierno se ha comprometido a transferir 100 millones de dólares a su cuenta bancaria, sin condiciones... ¿Puede verlo? OK, vamos a ir un poco más lejos.

¿Se imagina que el gobierno le dé 500 millones de dólares? ¿Qué tal mil millones? Mejor aún, ¿y si simplemente decidiera darle 1 *billón* de dólares? Es difícil concebir un número tan grande, pero realmente *trate* de imaginar cómo sería. Por ejemplo, si el gobierno le diera 1 billón y usted lo invirtiera, ganando un rendimiento anual de solo 7 por ciento, usted acabaría con más de 5.500 millones de dólares por mes en ingresos adicionales (aproximadamente 192 millones *por día*).[131] Imagine tener la posibilidad de gastar 192 millones de dólares al día sin tener que usar ni un solo centavo del billón que se le dio. ¿Cuánto poder tendría usted? Y con tanto dinero para gastar, ¿cuántas personas e instituciones querrían ser sus amigos?

Ahora, vamos a ir un poquito más lejos... ¿Qué pasaría si el gobierno le diera *todos* sus dólares? ¿Y si le diera el derecho exclusivo para crear cada dólar en circulación? Trate de pensar en *esa* idea. (Si existe un dólar en cualquier lugar del mundo, sólo existe porque *a usted* se le dio el derecho de crearlo). *Entonces*, ¿cuánto poder tiene usted? La siguiente cita proporciona una idea bastante acertada al respecto:

> "Me temo que al ciudadano común no le gusta que se le diga que los bancos pueden, y lo hacen, **crear dinero**... Y quienes **controlan el crédito de la nación dirigen la política de los gobiernos y tienen el destino de las personas en la palma de sus manos**".—Reginald McKenna, Canciller Británico de Exchequer, citado en *Tragedy and Hope*[132]

Esta afirmación es tan sencilla como parece, y viene de un hombre que tenía un profundo conocimiento del tema. Trabajó en los más altos niveles dentro del sistema y está declarando, de manera inequívoca, exactamente *cómo es*. Quienes crean el dinero y controlan el crédito de la nación "dirigen la política de los gobiernos y tienen el destino de las personas en la palma de las manos". Entonces, si *crear dinero* y controlar el crédito confieren tanto poder, ¿por

---

[131] El siete por ciento de 1 billón de US $ es igual a 70 mil millones de US $ por año.192 millones de US $ por día, por 365 días, es igual a 70.080 millones de US $ (o, 70 mil millones de dólares y 80 millones de dólares).

[132] *Tragedy and Hope*, página 325

qué tan pocas personas entienden sobre estos temas? ¿No se nos debería enseñar sobre los peligros de tal poder? ¿No es extraño que no se nos enseñe?

Una vez más, Quigley nos ayuda a comprenderlo. Explica que, para que la Red pudiera lograr sus objetivos, "era necesario **ocultar**, o incluso **engañar**, tanto a los gobiernos como a la gente acerca de la naturaleza del dinero y sus métodos de operación".[133] Esta práctica de engañar a los gobiernos y a las personas en lo que hace al dinero sigue vigente hasta el día de hoy porque es la única manera que tiene la Red para conservar su actual nivel de poder. Tenga la seguridad de que si la gran mayoría de la gente no entiende qué son los bancos centrales o cómo funcionan es *porque así debe ser.* Nuestro sistema monetario global fue creado por hombres que "ocultan" y "engañan" como cosa de rutina. No sólo se trata de la forma en que realizan sus negocios, sino de la forma en que buscan asegurar su "objetivo a largo plazo", el cual se reitera a continuación.

> Los poderes del capitalismo financiero tenían un objetivo a largo plazo, nada menos que **crear un sistema mundial de control financiero... capaz de dominar el sistema político de cada país y la economía del mundo en su conjunto.** Este sistema sería controlado... por los **bancos centrales** del mundo a través de acuerdos secretos... **Cada uno de los bancos centrales**, en las manos de hombres como Montagu Norman del Banco de Inglaterra (y) Benjamin Strong de la Reserva Federal de Nueva York... **buscaba dominar a su gobierno** mediante su capacidad para controlar los préstamos del Tesoro, manipular las bolsas extranjeras, influir en el nivel de actividad económica en el país, e influir

---

[133] *Tragedy and Hope*, página 53

en los políticos dispuestos a cooperar a cambio de recompensas económicas en los negocios. En cada país, **el poder del banco central se basaba, en gran medida, en su control de la oferta del crédito y el dinero.**[134]

Para este fin, la Red creó el Sistema de la Reserva Federal.

El Sistema de la Reserva Federal

En el capítulo 3, describimos la causa de la ruina del presidente Taft: se negó a apoyar el plan de la Red de crear un banco central en los Estados Unidos. Y puesto que la Red no podía "dominar totalmente el sistema político" de los Estados Unidos sin el control de su "oferta de crédito y dinero", Taft fue derrocado y se colocó a Wilson. Poco después de asumir el cargo, Wilson promulgó la Ley de la Reserva Federal, y así nació el banco central.

Sin embargo, ésta no es la historia completa de cómo surgió el Sistema de la Reserva Federal. Así como los ciudadanos se equivocaron al creer que *eligieron* a Wilson en las elecciones de 1912, también se equivocaron al creer que la Ley de la Reserva Federal fue elaborada para protegerlos de los depredadores banqueros internacionales. La triste verdad es que los mismos depredadores banqueros internacionales en secreto redactaron la legislación y usaron al gobierno para convertir sus deseos en leyes.

Esta es una pieza del rompecabezas que Quigley parece haber pasado por alto. Reconoce que los titanes de la Red como Rockefeller y Morgan tenían el poder suficiente para causar un pánico financiero cuando lo quisieran. Admite que utilizaron su poder para su propio beneficio, destrozando "las empresas individuales, a expensas de los

---

[134] *Tragedy and Hope*, página 324

tenedores de acciones públicas". Incluso admite que JP Morgan precipitó el "pánico de 1907". Pero no menciona que su poder pudo haber sido utilizado tanto para eliminar la competencia *y* para alentar a la población a exigir una "reforma monetaria" (*reforma* que sería dirigida por la propia Red). Es una flagrante omisión.

En resumen, la Red necesitaba un banco central para "dominar el sistema político" de los Estados Unidos, pero necesitaba una nueva crisis[135] para vender finalmente el proyecto. Desde esta perspectiva, se puede ver de manera muy diferente el pánico de 1907.[136] En primer lugar, JP Morgan *provocó* el pánico (lo que, hasta el día de hoy, rara vez se menciona), luego él y Rockefeller *detuvieron* el pánico (por el que, hasta el día de hoy, siguen siendo retratados como salvadores), y como consecuencia del sufrimiento y el caos, "las demandas de la población" para la intervención legislativa finalmente alcanzaron un quórum suficiente. Entonces "el gobierno" integra una comisión monetaria para investigar y resolver el problema (dirigido nada menos que el infiltrado de la Red y senador de los Estados Unidos, Nelson Aldrich), y la comisión decide que se necesita un banco central para resolver los problemas de

---

[135] Los pánicos de 1873 y 1893 causado un sufrimiento generalizado y alentaron las demandas por la reforma monetaria. La opinión pública se estaba inclinando fuertemente por una intervención legislativa y el pánico de 1907 proporcionó el empujón final. Si la idea de que los banqueros provocaron el pánico para servir a sus intereses parece una exageración, consideremos el caso de Nicholas Biddle. Cuando el presidente Andrew Jackson trató de cerrar el segundo banco de Biddle en los Estados Unidos, el banquero hizo estallar intencionalmente la economía, y la consiguiente crisis financiera fue atribuida a Jackson. Esto sirvió para poner a la opinión pública en contra de Jackson y a favor del banco. Al hablar sobre la táctica, Biddle, comentó: "Solo el sufrimiento de la población producirá algún efecto en el Congreso... Lo único que puede salvarnos es establecer un curso constante de restricción... No tengo ninguna duda de que tal curso de acción nos permitirá... reconstruir el Banco". Acerca de Jackson, Biddle comentó: "Este digno Presidente piensa que porque les ha arrancado el cuero cabelludo a los indios y ha encarcelado a los jueces podrá hacer su voluntad con el Banco. Está equivocado. "(Citado en *The Creature from Jekyll Island*, página 354)

[136] *Tragedy and Hope*, página 72

la nación. A partir de ahí, era solo cuestión de redactar la legislación y entregársela a los políticos "correctos".

Por supuesto, la Red tuvo que ocultar el hecho de que *estaría* escribiendo la legislación, y esto les presentaba algunos problemas. Todo lo que hizo para ocultar su papel parece sacado de una escena de una novela de James Bond.

> Si usted vivía en 1910, no habría sido invitado a la reunión... De hecho, nunca habría sabido que tuvo lugar una reunión. A pesar del enorme impacto en el futuro de su país, el proyecto para crear un nuevo "sistema monetario" no era de su incumbencia.
>
> Aquí es donde comienza la historia de la Reserva Federal. Los imperios bancarios de Rockefeller, Rothschild, Morgan y Warburg... enviaron a [seis] representantes en su nombre a la Isla privada Jekyll ubicada frente a la costa de Georgia. Para que los hombres no pudieran ser reconocidos, se envió de vacaciones a los empleados permanentes de la isla, y empleados temporales, cuidadosamente seleccionados, tomaron su lugar. Cada hombre juró guardar el secreto y se le dio instrucciones de usar sólo su nombre de pila para ocultar aún más su identidad. (Pasaron casi dos décadas para que alguno de los conspiradores admitiera públicamente que habían participado en la reunión). En esa reunión, la élite financiera creó el sistema monetario con el que hoy vivimos.[137]

Si la prensa hubiera cubierto esta reunión, el titular podría haber sido: "PODEROSOS BANQUEROS CONS-PIRAN EN UNA ISLA PRIVADA PARA HACERSE CON EL CONTROL MONETARIO". Pero claro, si hubiera sido

---

[137] Dishonest Money: Financing the Road to Ruin, páginas 2 y 3

cubierta por la prensa, la Ley de la Reserva Federal nunca habría sido aprobada. Los ciudadanos querían que el Congreso debilitara los poderes destructivos de los intereses de la banca internacional, no que los expandiera.

Desafortunadamente, la historia de Jekyll Island no se filtró hasta 1916[138], cuando ya se había hecho el daño. E incluso *después* de haber sido expuesta, "educadores, comentaristas e historiadores" continuaron negando que la reunión hubiera tenido lugar.[139] Todo aquel que señalara los nefastos orígenes y a los autores de la Ley de la Reserva Federal era calumniado y desestimado como un teórico de la conspiración. Afortunadamente, la verdad finalmente salió a la luz pública, y se reivindicó a los teóricos de la conspiración. Tal vez la declaración más contundente provino de Frank A. Vanderlip, presidente del banco más poderoso de Nueva York en ese momento (National City Bank de Nueva York, ahora Citibank):[140]

> Hubo una ocasión a finales de 1910, cuando yo me movía con tanto sigilo, de hecho, tan a escondidas -como lo haría un conspirador... No creo que sea ninguna exageración decir que fue en nuestra expedición secreta a Jekyll Island cuando concebimos lo que finalmente se convirtió en el Sistema de la Reserva Federal... Sabíamos que no podían descubrirnos, o de lo contrario todo nuestro tiempo y esfuerzo habrían sido en vano. Si se hubiera llegado a saber públicamente que este grupo en particular se había reunido y había redactado un proyecto de ley para la banca, ese proyecto de ley no habría tenido ninguna posibilidad de pasar en el Congreso...

---

[138] Reportado por B. C. Forbes, quien lo encontró en la revista *Forbes*; referencia *Secrets of the Federal Reserve*, página 2

[139] *The Creature from Jekyll Island*, página 8

[140] http://en.wikipedia.org/wiki/Citibank

aunque el plan de la Reserva Federal de Aldrich
había sido derrotado cuando llevaba el nombre de
Aldrich, sin embargo sus puntos esenciales estaban
en el plan que finalmente fue adoptado.-Frank
A. Vanderlip en el artículo de 1935 en el *Saturday
Evening Post*, "From Farm Boy to Financier"[141]

A pesar de que se lo reconociera hace más de setenta y
cinco años, a pesar de que otros participantes y sus biógrafos
también lo reconocieron, a pesar de que el presidente de
la Reserva Federal (Ben Bernanke) volvió a la Isla Jekyll en
2010 para conmemorar la fundación de la FED cien años
antes[142]; aun así la gran mayoría de las personas nunca ha
oído hablar del viaje a Jekyll Island y *no tienen ni* idea de
que "los banqueros internacionales" crearon el sistema que
se suponía iba a protegerlos de ellos mismos.

Pero, una vez más, ¿debería sorprendernos? El sistema
de educación y los medios de comunicación son los dos
instrumentos más poderosos para difundir la información
y sensibilizar a la población. En relación con los medios de
comunicación, sólo un puñado de corporaciones globales
de "noticias" puede, en un día, hacer que miles de millones
de personas en todo el mundo conozcan, al mismo tiempo,
algo que les era completamente desconocido el día anterior.
Con este tipo de poder, la Red puede difundir cualquier
mentira o retener cualquier verdad que elija. Luego, está la
educación: a millones de estudiantes se les puede enseñar la
verdadera historia detrás del Sistema de la Reserva Federal, o
se les puede enseñar la cortina de humo de "la intervención
del gobierno para proteger a la población". Se les puede

---

[141] www.SaturdayEveningPost.com/2012/05/24/archives/banking.html
[142] Del sitio web del Federal Reserve Bank of Atlanta, titulada "A Return to Jekyll Island":
"La conferencia tuvo lugar con motivo del centenario de la reunión 1910 Jekyll Island que
dio lugar a un proyecto de ley [el Plan Aldrich] para el establecimiento del banco central
EE.UU". http://www.frbatlanta.org/news/conferences/10jekyll_index.cfm

enseñar los peligros del poder bancario centralizado, o les puede no enseñar nada en absoluto. En última instancia, si la gente no recurre a otros instrumentos más allá de los proporcionados por la Red para informarse, no pueden aspirar a saber lo que la Red no quiere que sepan.

Incluso Quigley, aparentemente, no estaba al tanto del viaje a Jekyll Island. No menciona la reunión, ni en *Tragedy and Hope* ni en *The Anglo-American Establishment*. Dado que, obviamente, no se resistía a exponer esa duplicidad, podemos suponer que él no sabía esa parte de la historia de la Fed. O, tal vez consultó con algunos de los respetables "educadores e historiadores," que lo convencieron de que no había pruebas de que hubiera pasado. Cualquiera que sea la razón, es un descuido desafortunado. Nada demuestra el poder de la Red de forma más convincente que su habilidad para escribir en secreto la legislación que rige, o de plano crea, sus propios instrumentos. Y en este sentido…

Con la legislación redactada exitosamente, Taft depuesto, y Wilson en la Casa Blanca, pudiera parecer que la Red podía estar tranquila. Sin embargo, era necesaria una estafa más para garantizar la aprobación de la Ley de la Reserva Federal. Para lograr el apoyo público, las *mismas personas* que redactaron la legislación en la Isla Jekyll comenzaron a hablar públicamente *en contra de ella*.

> Cuando la Ley de la Reserva Federal estaba lista para salir a la luz pública… tanto Aldrich como Vanderlip se lanzaron a una gran campaña pública de oposición. No dejaron pasar por alto ninguna oportunidad para hacer declaraciones a la prensa -o a cualquier otra instancia pública de relevancia- expresando su animosidad eterna a esta legislación monstruosa… Dado que a Aldrich se lo identificaba como asociado con los intereses de Morgan, y Vanderlip era el Presidente de National City Bank de Rockefeller,

hábilmente se le hizo creer a la población que los grandes banqueros [tenían un] miedo mortal a la Ley de la Reserva Federal propuesta. *The Nation* ("La Nación") fue la única publicación importante que señaló que cada uno de los horrores descritos por Aldrich y Vanderlip se podían haber atribuido también a la Ley Aldrich. Pero esta voz solitaria fue ahogada fácilmente por la gran cacofonía de engaño y propaganda.[143]

La Ley de la Reserva Federal Glass-Owen recién elaborada, la cual era un reflejo de la versión de Aldrich en "todas las disposiciones esenciales"[144], fue presentada por los Demócratas como algo radicalmente diferente; un proyecto de ley escrito por funcionarios públicos desinteresados que buscaban proteger a la ciudadanía de los intereses bancarios egoístas y fuera de control. Y al igual que Vanderlip, Aldrich y otros "grandes empresarios republicanos" continuaron atacando la "nueva" legislación, y un número más y más grande de bien intencionados estadounidenses cayeron en la trampa.

La voz del pueblo expresa la mente de las personas, y esa mente concibe sus opiniones a causa de... aquellos que pueden entender cómo se manipula a la opinión pública... Son ellos quienes mueven los hilos que controlan la mente pública y planean nuevas maneras de dirigir el mundo.[145]

Mientras los ciudadanos eran guiados hacia la opinión pública deseada, Edward Mandell House se aseguraba

---

[143] *The Creature from Jekyll Island*, páginas 463 y 464
[144] *The Creature from Jekyll Island*, página 461
[145] Edward Bernays, *Propaganda*

que Wilson y el Congreso fueran correctamente guiados en un ámbito privado. *The Intimate Papers of Col House* deja pocas dudas de que, durante el proceso de creación del banco central, él actuó como el enlace directo entre la Red y los políticos pertinentes. (House dirigía a los políticos mientras que Paul Warburg, el autor principal de la legislación de Jekyll Island, dirigía a House). Ed Griffin resume, de esta manera, el rol de House:

> En lo que refiere a la banca, el Coronel House era el Presidente de los Estados Unidos, y todas las partes interesadas lo sabían. Wilson no pretendía conocer sobre teoría bancaria. Él dijo: "La mayor vergüenza de mi carrera política ha sido que mis funciones parecieron quitarme el tiempo para llevar a cabo una cuidadosa investigación. Me vi casi obligado a sacar conclusiones a partir de impresiones y no a partir del estudio... Habría deseado conocer más, conocer más a fondo, sobre las cuestiones en juego. "A lo que añade Charles Seymour: "El Coronel House realizó una incansable labor brindando al Presidente el conocimiento que necesitaba... el Coronel fue el ángel de la guarda invisible de la ley".[146]

Aquí hay un ejemplo perfecto de la observación de Quigley: al no saber nada sobre banca, los políticos tuvieron que confiar en el consejo de los banqueros y esto fue "consistentemente bueno para los banqueros, pero era a menudo desastroso para los gobiernos... y la gente en general". La gran ironía es que el propio Quigley no parece entender completamente la naturaleza del sistema bancario. Hay algunas cosas en *Tragedy and Hope* que apoyan esta conclusión. Voy a referirme brevemente a ellas.

---

[146] *The Creature from Jekyll Island*, página 459

En primer lugar, en la página 58, Quigley presenta lo que él llama una "paradoja" de la práctica bancaria: los banqueros prefieren la deflación monetaria (una reducción en la oferta de dinero), porque ésta *aumenta* tanto el valor del dinero que ellos controlan como las tasas de interés que pueden cobrar a los prestatarios. Sin embargo, afirma que es inevitable que abandonen la "idea de deflación" a favor de inflar la oferta de dinero (que se logra mediante la emisión de créditos bancarios) por su "afán de prestar dinero a interés".

En su haber, Quigley reconoce que los banqueros pueden obtener una forma adicional de *beneficios* de este supuesto "conflicto": al aumentar la oferta de dinero con los préstamos, aumentan el endeudamiento de la gente y provocan la subida de los precios. Luego, al *disminuir* la oferta de dinero, pueden obligar a muchos deudores a un juicio hipotecario y confiscar cualquier garantía que se comprometió para asegurar sus préstamos. También reconoce que esta manipulación de la masa monetaria era un "aspecto prominente" del llamado "ciclo de los negocios" y era "destructiva para los negocios y la industria".[147]

Mi pregunta es: ¿Dónde está la paradoja?

Si usted es miembro de la Red, ésta es una característica fundamental del sistema bancario que creó. ¿Qué mejor manera de aplastar o controlar a los competidores en el "comercio y la industria"? Usted no sólo disfruta de los beneficios normales del control de los préstamos (prestando sólo a aquellos que ceden el control y negándoselo a quienes se resisten), sino que también tiene un mecanismo para atrapar a los deudores y apoderarse luego de sus bienes. Si decide confiscar la garantía -en lugar de enterrar al prestatario en una deuda adicional con condiciones adicionales-, usted se convierte efectivamente en propietario de un activo real

---

[147] *Tragedy and Hope*, páginas 58 y 59

con el dinero que ha creado de la nada. (Recuerde, así es como opera nuestro actual sistema bancario. Cuando la Red quiere emitir un préstamo, saca un cheque de su talonario mágico, escribe la cantidad del préstamo, y zas, se crea el dinero para el préstamo en el acto).

Quigley afirma que el exceso de deflación a veces podría ser "desastroso" para los banqueros porque fuerza "el valor de la garantía por debajo del monto de los préstamos que respaldó". Lo siento, pero incluso se necesita revisar ésta afirmación. Un saldo de capital principal impago de, digamos 100.000 $, garantizado con un activo que se vende por sólo 80,000 $ (o menos), no es necesariamente para el banco igual a una pérdida.[148] Y si el objetivo es llevar a un competidor a la quiebra, entonces los cálculos involucrados en las llamadas "pérdidas" se vuelven aún más interesantes. Lo que *parece ser* una pérdida en el papel (debido a una brecha entre la cantidad de capital que se registra en un préstamo y lo que en última instancia se obtiene durante la liquidación) en realidad puede verse como una gran inversión. Sin duda, una parte de los dólares (creados de la nada) no es reembolsada en su totalidad, pero ese "costo" es menor comparado con lo que hubiera costado comprar directamente al competidor. Agregue los *dividendos* por la consolidación del mercado, y el retorno de la inversión es simplemente *fantástico*.

Luego, está la cuestión del patrón oro. Una vez más, parece que Quigley cayó en una narrativa falsa: en este

---

[148] Como un simple ejemplo, considere un préstamo de interés de 100,000 US $ a un interés del 6 por ciento. Al cabo de cinco años, el deudor no paga, y el activo se vende por sólo 80.000 US $. En este caso parece que el banco hubiera perdido dinero (el deudor aún adeudaba 100.000 US $ y el banco: recuperó sólo 80.000 US $ de la venta del activo). Sin embargo, si se toma en cuenta el pago de intereses que se hicieron durante más de cinco años (30.000 dólares), puede darse cuenta de que el banco obtuvo una ganancia de 10,000 US $ (80,000 US $ Precio de venta + 30.000 US $ en pagos de intereses iguales a $ 110.000). En algunos casos poco frecuentes, los banqueros podrían perder algunos de los dólares que crearon de la nada para dar el préstamo. Cuando eso sucede, esos "pérdidas" pueden convertirse en beneficios a través de los rescates del "gobierno"

caso, que el patrón oro era el mecanismo más sofisticado de control monetario que la élite pudo concebir. Ese *oro* (más que el control del dinero y la deuda, que el oro facilitó) era la raíz de su poder monetario. Si se aceptan estos mitos, entonces su afirmación de que los banqueros sinceramente trataron de "salvar el patrón oro" tiene mucho sentido. Sin embargo, si miramos más de cerca sus acciones (y las formas en las que se beneficiaron de esas acciones), llegamos a una conclusión más lógica: era mucho más rentable destruir el estándar de oro de lo que era preservarlo. Para crear crecientes pilas de dinero y deuda de la nada, tenían que eliminarse las limitaciones del oro.

En las páginas 256 y 257 de *Tragedy and Hope*, Quigley casi tropieza con la verdad. Cuando habla del inicio de la Primera Guerra Mundial, cuenta la historia de los militares y los expertos financieros que creían que la guerra terminaría en un plazo de seis meses. Esta predicción estaba basada en el hecho de que las reservas de oro (que se utilizaron para pagar los gastos de la guerra) se habrían agotado en ese período de tiempo. Sin embargo, con la *suspensión* del patrón oro, la guerra (junto con las enormes deudas y los beneficios bancarios asociados a ellas), duró mucho más de lo que continuar con un estándar oro hubiera logrado.

> Todas las grandes potencias seguían el patrón oro mediante el cual… **el papel moneda se podía convertir en oro a voluntad**. Sin embargo, con el estallido de la guerra, todos los países suspendieron el patrón oro. **Esto eliminó la limitación automática sobre la oferta de papel moneda**… cada país procedió a pagar la guerra con préstamos otorgados por los bancos. Los bancos **creaban el dinero** que prestaban simplemente dando al gobierno un depósito por cualquier monto contra el que el gobierno podía girar cheques. **Los bancos ya**

no tenían limitaciones a la cantidad de crédito que podían crear porque ya no necesitaban pagar con oro los cheques según la demanda... el problema de la deuda pública empeoró cada vez más porque los gobiernos estaban financiando una gran parte de sus actividades con crédito bancario.[149]

Desde esta perspectiva, las ventajas de "suspender" de forma permanente el patrón oro resultan evidentes. Cuando un banco crea préstamos en "papel moneda" que están respaldados con oro, corre el riesgo de perder sus reservas de ese metal. Cuando un banco crea préstamos de dinero en papel que no están respaldados por *nada*, entonces sus reservas de oro están totalmente seguras. Además, sin respaldo en oro, ya no hay ningún límite al número de préstamos que el sistema bancario pueda crear. (Los límites, en su caso, están determinados por los deseos de quienes controlan el sistema, y por la ilimitada necesidad de préstamos por parte del gobierno, las empresas y los individuos).

Por último, pero no menos importante, Quigley afirma varias veces que, con la destrucción del patrón oro, las riendas del poder pasaron del "capitalismo financiero" al "capitalismo monopólico".[150] (Una vez más, implica que la pérdida del respaldo en oro equivalía a una pérdida para quienes ejercían el poder bancario).

Sería bastante fácil descartar este supuesto cambio en el poder como una distinción sin diferencia, ya que, a lo sumo, se trata de un cambio en los métodos de control y no de un cambio en la gestión. (La misma Red que controlaba el capitalismo financiero preparó el terreno para dar paso al capitalismo monopólico, y el líder principal de la Red,

---

[149] *Tragedy and Hope*, página 257
[150] Algunas referencias: *Tragedy and Hope,* páginas 50, 62, 79, 338, y 502

el mismo Lord Milner, había escrito sobre su deseo de abandonar el patrón oro ya en 1923).[151] Sin embargo, En este punto quisiera hacer una observación más abarcadora.

Si "el capitalismo monopólico" es algo *todopoderoso*, porque puede autofinanciarse, manipular el precio de los bienes dentro de su mercado, y utilizar sus inflados beneficios monopólicos para ejercer su influencia monetaria, entonces no podemos encontrar suficientes palabras para describir el poder del "capitalismo financiero" en todo su alcance.

- No sólo el capitalismo financiero puede "autofinanciarse", sino que puede hacerlo simplemente creando dinero de la nada y prestándoselo a otros a una determinada tasa de interés. (¿Qué otra cosa podría ser más poderosa?)

- No sólo el capitalismo financiero puede manipular el precio de las mercancías en *un mercado en particular*, también puede manipular el precio de los productos en *cualquier mercado*. (Inmobiliario, alimentos, energía, acciones, bonos, educación... cualquier cosa que tenga un precio será afectada por quienes manipulan la cantidad y el flujo del dinero).

- No sólo el capitalismo financiero goza de la influencia de las ganancias monopólicas, también goza de la influencia para monopolizar la creación del mismo dinero. Dicho de otra manera: cuando un "capitalismo monopólico" acumula sus primeros mil millones de dólares, es sólo porque otros han pedido prestado esos mil millones de dólares al sistema bancario de la Red.[152]

---

[151] *The Anglo-American Establishment*, páginas 122 y 123
[152] Para obtener más información sobre cómo funciona el proceso de creación de dinero, revise MeetTheSystem.org, capítulo 8

Si Quigley hubiera entendido realmente cómo funciona el sistema bancario de la Red, nunca se habría creído el cuento, sin duda perpetuado por la propia Red, de que el poder bancario alcanzó su punto máximo en la década de 1930. Es verdad lo totalmente opuesto. No fue hasta la década de 1930 cuando los banqueros internacionales empezaron a cuestionar las limitaciones del oro y fueron empujando poco a poco al mundo a un estándar basado exclusivamente en la deuda.

Si bien la Red gozaba de una posición poderosa con el patrón oro, su poder se incrementó enormemente con su estándar basado en un 100 por ciento en deuda. Ahora pueden crear, destruir y dirigir todo el dinero como consideren necesario. En la actualidad, ganan intereses sobre cada dólar en circulación, porque cada dólar en existencia *ha sido creado y cedido a la economía* por ellos.

En consecuencia, su sistema basado en el endeudamiento les garantiza que las naciones estén atrapadas para siempre en el círculo de la deuda. (Cuando una nación y sus ciudadanos intentan reducir su deuda con los banqueros, ellos reducen inmediatamente la oferta monetaria de la nación. Si pagaran *todas sus deudas*, la oferta de dinero se reduciría a cero… no solo esto sería imposible, mucho antes de que se lograra una reducción significativa de la deuda, se pondría en marcha un caos financiero y "el gobierno solicitaría un endeudamiento de emergencia"). *No* se trata de un sistema diseñado para proteger nuestros mejores intereses.

En el capítulo siguiente, vamos a describir con mayor detalle el sistema bancario de la Red. También explicaremos los pasos necesarios para liberarnos de su control ilegítimo del dinero.

CAPÍTULO 5

El Problema Principal - La Principal Solución

Hasta ahora hemos revisado cómo la Red utiliza el dinero para controlar a los gobiernos, empresas e instituciones que nos inspiran confianza. Hemos abordado cómo la Red ha desarrollado ingeniosos mecanismos para controlar los recursos financieros de la gente -sus cuentas de ahorro, sus pagos de seguros, e incluso sus ingresos. También hemos repasado la mayor de sus estafas: arrogarse la autoridad legal para crear dinero de la nada.

Con todas estas herramientas monetarias a su disposición, la Red ha consolidado, en secreto y sistemáticamente, su poder sobre las políticas globales que afectan a la vida de miles de millones de seres humanos. Sin haber sido elegidos, sus miembros operan fuera del alcance de los electores. Si necesidad de rendir cuentas, violan las leyes nacionales e internacionales con total impunidad. Obviamente, si quisiéramos deponerlos, no podríamos seguir acatando las reglas del sistema que ellos han creado. Tenemos que estar preparados para pensar y actuar de otra manera, y para empezar a atacar la fuente de su poder... el dinero.

En resumen, nuestro adversario está utilizando nuestra propia capacidad adquisitiva en nuestra contra. El dinero que colocamos en sus instituciones, el dinero que permitimos que nos confisquen, y el dinero que le permitimos crear -estas fuentes de ingresos le proporcionan a la Red billones de dólares al año para que los controlen como les plazca-. Hasta que no cortemos esta financiación, sólo estaremos perdiendo el tiempo. Por otro lado, estos miles de millones de dólares representan el talón de Aquiles de la Red. Si no tiene acceso a este dinero, no puede continuar comprando a las personas y los recursos necesarios para defender su posición dominante. (Su sistema es completamente dependiente de la capacidad adquisitiva que le proporcionamos).

A sabiendas de esto, la respuesta a nuestro dilema parece ser muy simple: recuperar nuestro poder adquisitivo y destruir su sistema ilegítimo al mismo tiempo. Y la verdad, es realmente así de simple. Pero antes de entrar en las formas más evidentes en las que podemos recuperar lo que nos pertenece, hay un último giro en esta historia del poder monetario. En primer lugar, necesitamos escarbar un poco más profundo en la historia del propio dinero.

Poca gente se da cuenta de que el dinero viene en muchas formas diferentes. Una lista básica incluiría el dinero mercancía, el dinero recibo, la moneda fraccionaria, el dinero fiduciario, y el dinero deuda. (Esto no es tan complicado como parece, en breve se explicarán cada una de las formas) Es mucho más fácil hacer mal uso de algunas de estas formas de dinero que otras; la última de la lista (el dinero deuda) es la peor. En realidad, el dinero deuda está diseñado para esclavizar a quienes lo utilizan. No es sorprendente que el dinero deuda es el que la Red ha elegido para crear y diseminar a todos los rincones del mundo.

> Aunque se abolió la esclavitud... muchos de los pobres fueron reducidos a una condición de peonaje por las deudas que habían contraído... siendo obligados, ellos y sus herederos, a trabajar para sus acreedores

hasta pagar la deuda. En muchos casos, dicha deuda nunca podía pagarse, debido a que la tasa a la que se reducía se dejaba a la discreción del acreedor y rara vez podía ser cuestionada por el deudor analfabeto.[153]

Esta cita revela que hay más de una manera de reducir a los seres humanos a la esclavitud. Aunque Quigley hace referencia a una táctica que se utilizó en la India a mediados del siglo XIX, describe a la perfección el espíritu del sistema financiero bajo el que vivimos hoy en día. Es un sistema que crea deuda que "no se puede terminar de pagar," es "vinculante" para las futuras generaciones, y la paga una población global de deudores "analfabetos".

Hoy en día, el término "deudor analfabeto" no tiene nada que ver con la capacidad de una persona para leer, escribir o realizar operaciones matemáticas básicas. Una persona puede poseer todas estas habilidades y seguir siendo una completa analfabeta del sistema monetario basado en la deuda, creado por la Red. Además, las indignidades del "peonaje" ya no están reservadas exclusivamente a los pobres. Una persona (o nación) puede ser pobre o puede ser rica; no hay mucha diferencia. Quienes crean y controlan el suministro de dinero-deuda pueden manipular el sistema y extraer la riqueza de todos los que usan la moneda. Ni siquiera quienes están libres de deuda están seguros. En la medida en que los ingresos, ahorros y activos de una persona puedan denominarse en dinero-deuda, su poder adquisitivo y su riqueza están en riesgo.

Dado que a la mayoría de las personas no les gusta ser estafada y explotada, es razonable suponer que la única razón por la que las masas toleran este sistema de dinero-deuda es porque no entienden cómo funciona. Dicho esto, en este capítulo se intentará (en tan sólo un puñado

---

[153] *Tragedy and Hope*, página 157

de páginas) poner fin al analfabetismo financiero del que la Red depende totalmente. Considérelo como un curso súper-abreviado sobre el tema, extraído principalmente de Dishonest Money: Financing the Road to Ruin.

¿Qué es el Dinero?

Para definir con precisión qué es el dinero, no podemos simplemente sostener un dólar o un rublo ruso o un peso mexicano y decir "Esto es dinero". Es mejor empezar definiendo el propósito general del dinero. ¿Qué hace el dinero?

En términos sencillos, el dinero nos permite comprar productos y servicios a otras personas. A partir de esta descripción básica, podríamos decir que **el dinero *puede* ser cualquier cosa que es ampliamente aceptada para *pagar* productos y servicios.** Después de haber definido el dinero de esta manera, será más fácil explicar las diferentes formas del dinero y por qué algunas son mucho más honestas que otras. Pero primero, vamos a abordar rápidamente lo que existía antes del dinero - el trueque.

Trueque

Antes de la creación de dinero, los individuos utilizaban el trueque para comerciar entre sí. Esto significa simplemente que, en lugar de dinero, "compraban" lo que querían usando productos o servicios como forma de pago. A modo de ejemplo, suponga que su vecino cultiva maíz, tiene un centenar de kilos adicionales del mismo, y usted quiere un poco. Si usted cultiva tomates, es posible que su vecino le permita "comprar" un poco de su maíz usando sus tomates en lugar de dinero. O, tal vez puede ofrecerle un servicio de algún tipo a cambio de su maíz. (Tal vez usted es bueno en la construcción de naves de almacenamiento, y él necesita ayuda para construir una).

Si los dos logran llegar a un acuerdo de trueque, entonces, cada uno va a obtener un valor añadido producto del intercambio. (Su vecino convierte su excedente de maíz en algo que *preferiría* tener; usted convierte su excedente de tomates o el trabajo de un par de días en algo que *usted preferiría* tener). Sin embargo, si su vecino no está interesado en sus tomates, ni necesita una nueva nave de almacenamiento, entonces, los dos salen perdiendo. Tendrán que buscar otro socio comercial.

Aunque limitado, el trueque, al menos, ofrecía una *oportunidad* para que las personas (y la sociedad en su conjunto), disfrutara de los beneficios del comercio. En lugar de tener unos muy buenos tomates y algunos galpones de almacenamiento, también podía tener buen maíz, buen trigo, ropa, muebles, o cualquier otra cosa que los demás tuvieran para ofrecer. Pero, nuevamente, sólo se podían obtener estas cosas si otros querían lo que *usted* les ofrecía a cambio. Esta fue la gran limitación del trueque, y fue superado con la creación del dinero mercancía.

El Dinero Mercancía

Cuando comerciaba entre sí, eventualmente, la gente se dio cuenta de que algunos productos siempre tenían una gran demanda. Por ejemplo, descubrieron que el maíz tenía tanta demanda que constantemente podía cambiarse por casi cualquier cosa. A partir de ese momento, el maíz obtuvo un valor que excedía su *valor de consumo*. En otras palabras, a pesar de que su vecino ya tenía todo el maíz que necesitaba, siguió cultivando (o adquiriendo) más porque sabía que el maíz sería aceptado como pago por los productos y servicios de terceros. Cuanto más maíz tenía, más poder adquisitivo conseguía. De esta manera, con el tiempo, muchos diferentes productos (maíz, trigo, vacas, ovejas, etc.) se transformaron en formas confiables de dinero mercancía. Pero así como el trueque tuvo sus limitaciones, lo mismo ocurrió con las primeras formas de dinero mercancía. Estos problemas fueron finalmente resueltos cuando se descubrió el metal.

A diferencia del ganado, al metal no se le necesitaba alimentar, dar agua y limpiar. A diferencia del trigo y el maíz, usted no tenía que preocuparse de que el metal se pudriera, se contaminara con parásitos, le creciera moho durante el almacenamiento, y así sucesivamente. Además, el metal era fácilmente divisible. Suponiendo que una vaca lechera era igual en valor a cien kilos de hierro, y el precio de venta de un artículo fuera de veinticinco kilos de hierro (o una cuarta parte de una vaca lechera), el individuo que compraba con hierro tenía una clara ventaja: fácilmente podía producir la cantidad exacta de dinero que necesitaba. Por estas razones, con el tiempo el metal se convirtió en el dinero mercancía preferido, y aunque se usaron muchos diferentes tipos de metales (hierro, cobre y estaño para nombrar unos pocos), las monedas de oro y plata se convirtieron en la norma en todo el mundo.

Resumen del Trueque y el Dinero Mercancía

El dinero mercancía y el trueque comparten un par de atributos atractivos. El primer atributo es la transparencia. Si quiero cambiar mi cabra por un poco de su maíz, voy a tener que llevar mi cabra y usted tendrá que traer un poco de maíz. Las probabilidades de que alguno de los dos se vaya con algo diferente en el bolsillo, como un grillo, son bastante limitadas. Del mismo modo, si quiero comprar algo de usted con un águila de oro (la moneda de oro de los Estados Unidos), debo entregar un águila de oro. Hay poca probabilidad de que usted se deje engañar y acepte un águila de plata, de mucho menor valor, como medio de pago por su artículo.

El segundo atributo atractivo es el valor intrínseco de los bienes o servicios intercambiados. Existen importantes barreras naturales que limitan la producción de mercancías y, en consiguiente, su valor intrínseco es transferido a las personas que lo adquieren. La persona que adquiere el maíz no necesita cultivar y cosechar el maíz por sí misma; la persona que obtiene una moneda de oro no tiene que excavar el oro de la tierra, convertirla en una moneda, y convencer a los demás de su autenticidad. Nadie puede simplemente crear oro, maíz, o una cabra con un simple plumazo. Por esta razón, estos elementos siempre poseerán el valor intrínseco de la mano de obra y los otros costos incurridos en su producción.

Estos dos atributos (transparencia y valor intrínseco) volvieron razonablemente difícil defraudar a la gente en una transacción, ya que no es fácil convencer a alguien de que se le pagó con una cabra cuando, de hecho, se le entregó un grillo. Pero, así como el trueque permitió la invención del dinero mercancía y el dinero mercancía eventualmente se convirtió en monedas de metal hechas de oro y plata, los inconvenientes provocados por las monedas de oro y plata, finalmente, llevaron a la creación de una nueva forma de dinero. Y así, nació la capacidad para defraudar fácilmente a las personas (la capacidad de crear dinero con "un plumazo").

Dinero Recibo

Las monedas de oro y plata fueron una forma muy mejorada de dinero mercancía, pero aun creaban algunos problemas. Por ejemplo, si usted era incluso moderadamente rico, resultaba difícil encontrar un lugar donde almacenar de forma segura sus monedas. También, si usted quería hacer una compra grande o simplemente quería trasladar una cantidad significativa de dinero de un lugar a otro, por el peso del oro y plata, era difícil y casi imposible disimular que llevaba monedas. (¡Sólo mil seiscientos dólares en la economía de la moneda- plata habrían pesado aproximadamente cien kilos!)[154] Como dijimos anteriormente, estos dos problemas se resolvieron con el tiempo. Esta vez, la solución vino de los orfebres.

En su actividad comercial, los orfebres ya manejaban grandes reservas de oro y plata y habían construido bóvedas muy fuertes y bien vigiladas para proteger esas reservas. Ya no había que preocuparse en cómo resolver el primer problema (almacenar de forma segura las monedas de oro y plata). Los orfebres comenzaron a alquilar el espacio que no utilizaban de sus bóvedas a los ciudadanos que querían tener sus monedas en un lugar seguro hasta que las necesitaran. El orfebre le cobraba una tarifa a cada depositante, y los depositantes sabían que su dinero estaba en buenas manos. Curiosamente, la solución para almacenar de forma segura también terminó resolviendo el problema de lo que pesaban las monedas al usarlas en las transacciones comerciales.

Cuando un ciudadano depositaba sus monedas, el orfebre le entregaba al depositante un comprobante de papel como prueba de su depósito. Por lo tanto, si un cliente depositaba $ 1,000 en monedas de oro, se le daba un recibo (o recibos) por un valor de $ 1,000 en oro. Estos recibos se marcaban "pagadero a la vista", es decir, cualquiera, en cualquier momento, podía entrar y cambiar los recibos por oro. Debido a que los recibos eran literalmente tan "buenos como el oro", los ciudadanos comenzaron a aceptarlos

---

[154] El término dólar solía tener un significado muy específico. Para que un dólar fuera un dólar, la moneda tenía que contener cerca de una onza de plata fina (http://en.wikipedia.org/wiki/Spanish_dollar#United_States). La Red casi se ha destruido esa definición. Hoy en día, todos creemos que tenemos "dólares", cuando, en realidad, todo lo que tenemos son trozos de papel con la palabra "dólar" impresa en ellos.

como forma de pago de productos y servicios. De aquí en adelante, los recibos se convirtieron en una nueva forma de dinero: el dinero recibo. Aunque los recibos estaban hechos de papel, cada uno estaba respaldado en un 100 por ciento por oro (o, a veces plata) y, por lo tanto, cada recibo era una forma legítima de papel moneda.

Sin embargo, con el paso del tiempo las personas hacían efectivos sus recibos y retiraban las monedas de la bóveda del orfebre menos frecuentemente. Dado que creían que sus monedas estaban seguras y siempre estaban disponibles, los depositantes no tenían ninguna razón para retirarlas. (Sólo tenían que encontrar otro lugar seguro para guardarlas, si tenían alguna razón). Además, era mucho más fácil comerciar con el dinero recibo. Casi todos los ciudadanos preferían llevar un bolsillo lleno de recibos del orfebre que un bolsillo lleno de monedas pesadas.

Ahora, póngase en el lugar del orfebre. Todos confían en los recibos que usted crea. Literalmente, los consideran tan "buenos como el oro" y se aceptan como forma de pago de los productos y servicios que compra, así como si una persona pagara con una moneda de oro o plata. A pesar de que usted no tiene el poder de crear monedas de oro y plata "de un plumazo" usted tiene el poder de crear recibos que son igualmente valiosos para el comercio. ¿Entonces qué puede hacer?

Moneda Fraccionaria

No pasó mucho tiempo antes para que los orfebres se dieran cuenta de que simplemente podrían imprimir los recibos adicionales para su propio provecho. Esto, por supuesto, fue un acto de fraude total. Cada onza de oro de los depositantes guardada en la bóveda del orfebre tenía un recibo correspondiente que se emitía al legítimo propietario del oro. La emisión de recibos adicionales constituía un robo del poder adquisitivo, y peor aún, puso en marcha la inevitable pérdida de las monedas del depositante.

Para ilustrar esta situación, digamos que un hombre entra al taller del orfebre, deposita $ 1,000 en oro, y a cambio recibe $ 1,000 en recibos. No hay ningún problema con eso. Una hora más tarde, otro hombre entra al taller del orfebre, pero él no quiere hacer un depósito; quiere pedir un préstamo por $ 1,000. El orfebre accede a otorgarle el préstamo y le extiende un préstamo de $ 1,000 en nuevos recibos, que se crean en el acto. Ahora hay $ 2,000 en recibos, pero sólo hay $ 1,000 en oro en la bóveda.

Ahora imagine que el prestatario toma sus recién creados $ 1,000 en recibos y va a una tienda local y los gasta. Y digamos que el dueño de la tienda decide que prefiere tener las monedas de oro en vez de papel. Por lo tanto, lleva los recibos con el orfebre, los cambia por monedas, y sigue su camino. Todo el mundo está feliz hasta este punto. Pero, ¿qué pasa si una hora más tarde, el hombre que depositó los $ 1,000 en oro quiere retirar sus monedas? ¡Qué malo para él! Su oro salió por la puerta una hora antes, cuando se cobraron los recibos del préstamo (creados sin un depósito correspondiente).

Este es un ejemplo muy sencillo, pero ilustra el problema que surgió con la creación de dinero de papel recibo: se le abrió la puerta al fraude. Lo que comenzó como una forma legítima de papel moneda, con el respaldo del 100 por ciento con las monedas en reserva, con el tiempo se convirtió en moneda fraccionaria. Y a medida que el orfebre imprimía más y más recibos, la fracción de monedas que respaldaba esos recibos se desvalorizaba cada vez más y más.

En poco tiempo, los ciudadanos estaban aceptando, sin saberlo, recibos respaldados por sólo la mitad del valor impreso en el recibo, un cuarto de su valor impreso, una décima parte de su valor impreso. Cuando, finalmente, la gente se dio cuenta de lo que estaba pasando, se lanzaron a intercambiar sus recibos por las monedas que por derecho les pertenecían. Por supuesto, sólo los primeros de la fila fueron capaces de retirar su oro y su plata. Todo el resto se quedó con papel sin valor.

Dinero Fiduciario

En el ejemplo anterior, las personas aceptaban recibos de papel a cambio de sus productos y servicios por una razón: creían que podían cambiar sus recibos por monedas de oro o plata cuando quisieran. Nadie sabía que estaba vendiendo sus mercancías a cambio de trozos de papel parcialmente respaldados. Si hubieran sabido que los recibos eran fraudulentos, no los habrían aceptado; habrían exigido monedas reales en su lugar. Claramente, los habían estafado.

Una vez más, en una economía que sólo utiliza dinero mercancía (en comparación con el papel moneda), es muy difícil estafar a la gente porque necesita entregarse el producto mismo en el momento de la compra. El intercambio es transparente. Pero en la economía de dinero recibo anteriormente mencionada, sólo existe el supuesto de la transparencia. Sí, el recibo pudiera llegar a ser legítimo; pudiera representar una materia prima subyacente que existe físicamente y no pertenece a ninguna otra persona. Sin embargo, también podría ser ilegítimo. Usted puede vender una onza de oro por un recibo más conveniente, que esté marcado como "una onza de oro", y descubrir más tarde que el recibo no se puede canjear por nada. Si es así, es muy claro quién ganó y quién perdió en el intercambio. (¿A qué ladrón no le gustaría comerciar recibos sin valor por el mayor número de onzas de oro posible? Es muy fácil imprimir recibos de papel… Imprimir oro es imposible).

Esto nos recuerda lo que se supone que es el dinero: algo que nos permite comprar productos y servicios de terceros. La única razón por la que estamos dispuestos a trabajar por dinero es porque creemos que el dinero que ganamos va a servirnos para este propósito. Nadie interesado en ganar dinero cambiaría su tiempo y esfuerzo por pedazos de papel que supiera que no tienen ningún valor. Por lo tanto, si alguien quiere usar el papel moneda para robar a los demás, la forma más obvia es hacerles creer que el dinero tiene valor. Sin embargo, el dinero fiduciario proporciona otra manera de robar: usando la tradicional y bien conocida fuerza del gobierno.

Encarta define el dinero fiduciario como: "el papel moneda que un gobierno declara como de curso legal a pesar de no basarse en o de no poder convertirse en monedas".

O para decirlo de otra manera: el dinero fiduciario es papel moneda, sin ningún respaldo, que el gobierno obliga a las personas a aceptar a través de las leyes de las monedas de curso legal. Básicamente, son los recibos falsificados de los orfebres con esteroides. Mientras que el orfebre tenía que ocultar el hecho de que estaba imprimiendo dinero de manera fraudulenta para enriquecerse y volverse poderoso, el dinero fiduciario permite a un grupo como la Red imprimir abiertamente dinero y hacérselo tragar a la gente. Para legalizar la estafa, simplemente usan su capacidad para legalizar el engaño.

Ya sea por fraude o por decreto, el poder de imprimir dinero es el poder de robar todo lo que el dinero puede comprar. El dinero fiduciario es más flagrante porque, a diferencia de un fraude, está respaldado por la fuerza y se puede usar para confiscar abiertamente el poder adquisitivo de la gente a una gran escala. (No hay ninguna duda de que la Red aumentó su posición de manera significativa cuando cambió la oferta de dinero en oro y plata por un modelo puramente fiduciario en los Estados Unidos). Pero créalo o no, en realidad hay algo peor que el papel moneda fiduciario. Y esto nos lleva a la última forma de dinero que vamos a revisar en este "curso acelerado", la forma de dinero que utilizamos hoy en día: el dinero deuda.

Dinero Deuda

Tome las características intrínsecamente fraudulentas del sistema de moneda fraccionaria del orfebre, agregue el mayor fraude y la mayor fuerza del decreto en sentido estricto, y remate con un mecanismo diseñado para generar deuda imprescriptible, y listo: usted tiene el sistema de esclavización monetaria más sofisticado jamás ideado por el hombre. Y, por si no lo sabe, también tiene todos los componentes que conforman nuestro sistema monetario actual.

A diferencia de un sistema común de dinero fiduciario (en el que la clase dominante simplemente crea su propio papel moneda sin valor, lo gasta en la economía, y le exige a todo el mundo que lo acepte), nuestra clase dominante ha ideado algo mucho más poderoso. En lugar de gastar dinero en nuestra economía, prestan dinero a nuestra economía. Esto le permite a la Red robarnos nuestro poder adquisitivo dos veces: una vez cuando crean dinero nuevo, y otra vez cuando recogen los intereses de toda la masa monetaria.

Lo peor de todo es que al crear el dinero y ponerlo en circulación sólo cuando se hace un préstamo, y luego destruir ese mismo dinero (sacándolo de circulación) cuando se paga el préstamo, la Red ha diseñado la perfecta trampa de la deuda. Cualquier intento serio para escapar de esta trampa de la deuda, pagando la deuda, pondrá en funcionamiento un "mecanismo de corrección" automático que garantiza el fracaso. La cadena de acontecimientos es perfectamente previsible: cuando la nación paga sus deudas bancarias (y se niega a tomar nuevos préstamos), la oferta monetaria de la economía basada en la deuda se contraerá. Esto provocará perturbaciones en la economía; inicialmente, las perturbaciones serán pequeñas, pero inevitablemente se volverán intolerables si no se inyecta dinero a través de nuevos préstamos. (Imagine las consecuencias de una reducción del 10 por ciento a la oferta monetaria de la nación... ahora imagine una reducción del 40 por ciento, una reducción del 60 por ciento, o una reducción del 80 por ciento).

En teoría, si los nuevos préstamos no se emiten para revertir el "mecanismo de corrección" automático que la Red ha integrado al sistema, y si todos los fondos disponibles se siguen usando para extinguir la deuda creada por la Red, entonces la oferta de dinero basada en deuda eventualmente caerá a cero.

Robert Hemphill era el gerente de crédito del Banco de la Reserva Federal de Atlanta. En el prólogo a un libro de Irving Fisher, titulado 100% Money, Hemphill dijo:

> Si se pagaran todos los créditos bancarios, nadie podría hacer un depósito bancario, y no habría un solo dólar ni ninguna moneda en circulación. Es una idea sorprendente. Somos completamente dependientes de los bancos comerciales. Alguien necesita pedir prestado cada dólar que tenemos... Si los bancos crean suficiente dinero sintético, somos prósperos; si no, nos morimos de hambre. No tenemos un sistema permanente de dinero. Cuando se llega a comprender completamente la situación, resulta casi increíble lo trágicamente absurda que es nuestra desesperada situación, pero así es.[155]

No es necesario decir que el poder económico y político que se deriva de este sistema es absolutamente obsceno. Por lo tanto, es fácil entender por qué la Red construyó este

---

[155] *The Creature from Jekyll Island*, página 188

sistema como si fuera una prisión. Si seguimos sus reglas, no podremos escapar; nunca podremos pagar la deuda que debemos. Y al igual que los esclavos de la deuda de la India del siglo XIX, esta deuda imprescriptible es vinculante para nuestros hijos, y los hijos de nuestros hijos, y así sucesivamente... para siempre.

De todos los poderes monetarios de la Red, este poder en particular es el más destructivo. En un país tras otro, la Red apoya a los políticos que estén dispuestos a enterrar a sus ciudadanos en la deuda, y los coloca en posiciones de poder. Algunos de los políticos son bien intencionados; otros no. En definitiva, eso realmente no importa. A medida que los programas de gasto motivados por razones políticas (desde la guerra hasta las prestaciones sociales) entran en un espiral ascendente, no pasa mucho tiempo para que rápidamente se necesiten enormes préstamos mensuales sólo para cubrir los costos de operación del día a día del gobierno. La soga se aprieta aún más con nuevos programas de gasto que se agregan año tras año, década tras década. Junto con la deuda aplastante que ello produce, y la consiguiente necesidad de una fuente inagotable de nuevos créditos para mantener a flote el sistema en quiebra, la Red asegura su posición dominante sobre todo y todos los que dependen de su dinero.

Mientras tanto, los deudores analfabetos del mundo se esclavizan sin tener idea de que el dinero que "deben" se ha creado de la nada; nunca fue generado por el prestamista. No tienen idea de que el propio sistema fue diseñado para crear un agujero negro de deuda cada vez más grande, un sistema de servidumbre financiera que es literalmente ineludible.

> Aquellos que conspiran para traernos un "gobierno mundial" gobernado por una "élite intelectual y por banqueros mundiales" no están jugando.

Han trabajado duro para perfeccionar y poner en práctica su estrategia de conquista económica. Han demostrado su capacidad para controlar las naciones grandes y pequeñas (incluso imperios lejanos). Desde luego, no han hecho todo esto para nada.[156]

¿Cuántos Están Dispuestos a Luchar?

No tenemos suficiente espacio aquí para revisar cómo la inflación, la deflación, los booms, los quebrantos, y los rescates le proporcionan a la Red formas adicionales de transferencia de la riqueza y el poder a sus manos. Por ahora, es suficiente para reiterar la afirmación inicial de este capítulo: el dinero es la fuente del poder de la Red. Para que ellos puedan dominar "todas las regiones habitables del mundo"[157], necesitan mantener su poder para confiscar, crear y controlar el dinero que ganamos. Y puesto que nunca renunciarán a estas armas monetarias por propia voluntad, nuestra única opción es desarmarlos por la fuerza.

"Toda la historia del progreso de la libertad humana nos muestra que toda concesión... es el fruto de una lucha ferviente... Esta lucha puede ser de carácter moral; o puede ser física; o puede ser a la vez moral y física; pero necesita ser una lucha. El poder no concede nada si no se le exige. Nunca lo ha hecho y nunca lo hará. Averigüe aquello a lo que la gente está dispuesta a someterse, y descubrirá los niveles exactos de injusticia y de agravio que se le podrá imponer; y esto continuará hasta que la gente se oponga, ya sea usando palabras o golpes, o ambos. Los límites de los

---

[156] Dishonest Money, página 65
[157] *Tragedy and Hope*, página 131

tiranos están prescritos por la entereza de aquellos a quienes oprimen".—Frederick Douglass[158]

La Red, literalmente, está compuesta por delincuentes que se esconden detrás de la "legitimidad" del gobierno para *imponer* su voluntad sobre todos nosotros. Su poder sobre nuestro sistema de dinero-deuda, su poder de gravar nuestros ingresos y para hacerle la guerra a la soberanía nacional, su incesante expansión del gobierno que *ellos* controlan, todo este poder lo han tomado por vía de la fuerza y el fraude. No van a poner el "poder del gobierno" que han creado contra sí mismos (así como un ladrón armado no pondría su propia arma contra sí mismo para defender a sus víctimas). No, para reclamar lo que es nuestro, vamos a tener que luchar... y esto nos lleva a un último problema.

Una y otra vez, la historia nos ha demostrado que la clase depredadora hará lo que sea necesario para ganar y conservar las riendas del poder. De hecho, aquellos que se suscriben al concepto de "la supervivencia del más apto" seguramente argumentarán en defensa de la red. Sus miembros han estudiado a los gobernantes del pasado, han mejorado las antiguas técnicas de propaganda y manipulación de las masas y, por lo tanto, se han *ganado* el derecho a gobernar. Siguiendo esta lógica, la misma gente que apoya la supervivencia del más apto argumenta que a las masas les pertenece exactamente el lugar que ocupan: *debajo* de la clase dominante. Sin la ignorancia voluntaria, la indiferencia, y timidez de los subyugados, nuestros gobernantes simplemente no podrían existir. Es una relación simbiótica, de parásito y huésped. La negativa de la sociedad para siquiera reconocer (ni que hablar de quitar) la garrapata hinchada que tiene pegada en la frente

---

[158] http://en.wikiquote.org/wiki/Frederick_Douglass

es equivalente a dar su consentimiento. Si esto es así, ¿por qué la Red no podría seguir dándose una panzada?

¿Esta postura culpa a las víctimas? Tal vez... pero a veces las víctimas necesitan cargar con parte de la culpa.

El típico elector ha optado por aceptar una mentira bastante obvia: que el gobierno es un instrumento del *pueblo*, está sujeto a *la voluntad de los gobernados*, y nadie (dentro o fuera del gobierno) está por encima de la ley. Estos electores se burlan de la idea de un gobierno actuando en la sombra, altamente organizado, y operando a expensas de los gobernados, y la descartan sin darle mucha vuelta. Podrían llegar a creer con convicción que los republicanos son corruptos y sólo los demócratas pueden salvarlos, o que los demócratas son corruptos y sólo lo republicanos puede salvarlos, pero aún no han aceptado la verdad más profunda: ni los republicanos ni los demócratas van a salvarlos. Ambas partes están financiadas y sostenidas por la misma clase dominante con el fin de crear la *ilusión* de una elección.

Para enfatizar este punto, vamos a revisar algunas citas previamente mencionadas. En primer lugar de Quigley:

> Cada vez es más claro que, en el siglo XX, **el experto reemplazará... al elector democrático para controlar el sistema político**... Con suerte, los factores de elección y libertad pueden llegar a sobrevivir para la gente común por el hecho de que podrá tener la libertad para elegir entre dos grupos políticos opuestos (incluso si estos grupos no tienen mayores opciones dentro de los parámetros de la política tal como ha sido establecida por los expertos)... **en general, se controlará su libertad y su decisión presentándole escasas opciones.**[159]

---

[159] *Tragedy and Hope*, página 866

Y una vez más, nuestro "experto" en manipulación científica, Bertrand Russell, lleva el concepto del poder oculto un paso más allá: los expertos no sólo se enfocarán en el electorado para poder manipularlo, sino también apuntarán a los *candidatos elegidos*:

> Al ser una oligarquía, el gobierno... **puede inventar ingeniosas maneras de ocultar su propio poder, dejando intactas las formas democráticas, y permitiendo que los plutócratas o políticos se imaginen que están controlando con astucia estas formas...** cualesquiera que sean las formas externas, **todo el poder real se concentrará en las manos de aquellos que conocen el arte de la manipulación científica.**[160]

Por último, del mismo padre de la propaganda, Edward Bernays:

> **La manipulación consciente de las masas es un elemento importante en la sociedad democrática. Aquellos que manipulan este mecanismo oculto de la sociedad constituyen un gobierno invisible que es el verdadero poder gobernante de nuestro país.**

Para resumir lo esencial de este problema: la mayoría de la población no entiende cómo está siendo manipulada, ni ven la garrapata pegada en la frente de la sociedad. Sólo ven la imagen del *gobierno* que el "verdadero poder gobernante" quiere que vean. Y si continúan recurriendo exclusivamente al mismo poder dominante para obtener toda su información, nunca cambiará su percepción. Por

---

[160] The Scientific Outlook, página 175

eso, si queremos contar con el mayor número posible de combatientes, vamos a tener que hablar. Vamos a tener que luchar contra la "manipulación consciente de las masas".

Soluciones—Por Dónde Empezar

Esta sección corta del libro será la más fácil de escribir. Eso es así porque no es nada particularmente complicado liberarnos de la servidumbre económica y política.[161] En pocas palabras, se reduce a lo siguiente: el imperio de la Red está enteramente construido sobre la base de poder financiero robado y del consentimiento fabricado. **Nuestro objetivo es socavar ambas cosas, una mente y un dólar a la vez, hasta que la Red ya no pueda defenderse de una manera significativa.** De eso se trata.

Ahora, la pregunta es: ¿Cuáles son los pasos que debemos seguir para lograr este objetivo? Aunque hay muchas opciones, si implementamos la que describimos a continuación podremos devastar completamente el poder de la Red.

1. Crear Conciencia: Exponer Su Ilegitimidad

Éste no sólo es el paso más fácil; podría decirse que es el más importante. Ponerse habitualmente en contacto con nuevas personas y compartir con ellas información que les describa qué es la Red y cómo funciona. Cuando se encuentre con personas que, o bien se niegan a mirar los hechos, o minimizan la importancia de lo que está presentado, no lo tome como algo personal. Si lo atacan, no lo tome como

---

[161] Me gustaría poder decir lo mismo acerca de *cómo prevenir la recurrencia* de exactamente el mismo problema con un nuevo grupo de elite gobernante, pero esa es otra historia que dejaré para otro momento.

algo personal. En la mayoría de los casos, simplemente están defendiendo su visión del mundo... No tiene nada que ver con *usted*. Simplemente siga adelante y sepa que cada persona que se exponga a esta información, incluso los que inicialmente se resistieron, más adelante *podrían* convertirse en aliados más adelante. No puede decirse lo mismo de quienes nunca se exponen a la verdad.

2. Otras Monedas: Deje de Usar la Moneda de la Red

"¡Acabar con el FED!" Es el grito de guerra de millones de personas que saben cómo se creó el "Sistema de la Reserva Federal" de la Red, y cómo funciona. Esta maquinaria de propiedad y control privado para hacer dinero ha sido correctamente identificada como el corazón del poder del enemigo. Para desarmar verdaderamente a la Red, primeramente, necesitamos *poner fin* a su capacidad para crear y controlar nuestro suministro de dinero. Esto puede lograrse, pero no será fácil.

La buena noticia es que el sentimiento anti-Fed está creciendo día con día. La mala noticia es que la Red ya está manipulando este sentimiento, encaminando a críticos bien intencionados hacia una posición favorable a la *nacionalización* de la Fed. Sin embargo, la nacionalización de la Fed no "pondrá fin a su capacidad de crear y controlar nuestro suministro de dinero". De hecho, es la misma táctica que la Red utilizó en el Banco Central de Inglaterra cuando las demandas para poner fin al carácter privado de su propiedad alcanzaron un tono febril. A pesar de que la nacionalización *realmente* puso fin a la propiedad privada del banco, no logró perturbar el *control* de la Red.[162]

---

[162] Incluso Quigley hizo un señalamiento acerca de la nacionalización del Banco de Inglaterra, que los mismos poderes que dominaban el banco antes de la nacionalización

Para poder tener una idea de cómo la *nacionalización* de la Fed se desarrollaría en los Estados Unidos, en primer lugar, regresemos rápidamente a cómo se creó el Sistema de la Reserva Federal (en respuesta a la demanda pública para que se realizara una reforma financiera, lo que cubrimos en el Capítulo 4). El gobierno *visible* de los Estados Unidos entrará en acción para "proteger al pueblo" de los banqueros no confiables, para realizar todo lo contrario.[163]

Nuestra mejor movida en contra del control de nuestro suministro de dinero por parte de la Red es empezar a desarrollar y utilizar monedas alternativas -dinero que, literalmente, *compita* con el fraudulento dinero deuda de la Red que circula en la economía-. Este movimiento cumple dos funciones importantes: (1) cuando compramos y vendemos el uno del otro, quita a la Red de la ecuación, y (2) nos protege en caso de un pánico por el dólar promovida por la Red.[164]

El oro y la plata son las dos formas más conocidas de dinero que podríamos comenzar a utilizar, y algunos estados, conscientes de los peligros del sistema monetario actual, han comenzado a impulsar leyes que conviertan de nuevo al oro y la plata en moneda de curso legal. Pero el oro y la plata no son las únicas opciones. Las monedas

---

"por extraño que parezca, todavía conservaron algo de esto, a pesar de que la nacionalización de la banca que llevó a cabo el gobierno laborista en 1946". *Tragedy and Hope*, página 500

[163] Para conocer argumentos adicionales en contra de la nacionalización de la Reserva Federal, hay un breve artículo aquí:JoePlummer.com/let-government-print-the-money.html

[164] Con el tiempo, la Red quiere reemplazar el dólar por una moneda única mundial. Para obligar a los Estados Unidos, y otros países que dependen del dólar, a adoptar la nueva moneda, es probable que provoquen el pánico hacia dólar y luego presenten la nueva moneda como "la solución temporal / de emergencia para poner en marcha al comercio de nuevo". Cuanto más grande sea el caos financiero y social, serán menores las probabilidades que alguna nación tenga el poder para oponerse. Sin embargo, si ya hay otras monedas viables que puedan facilitar el comercio sin crear mayores interrupciones en la economía, no habrá necesidad de que los ciudadanos del mundo acepten un ampliado sistema monetario basado en la deuda de corte esclavista.

digitales como Bitcoin, Litecoin, e incluso Dogecoin[165] están ganado popularidad entre millones de ciudadanos de todo el mundo, sin contar con la aprobación de ningún gobierno[166]. Además de estas monedas digitales, también existe la opción de monedas privadas, monedas sociales, monedas basadas en el tiempo, y así sucesivamente.

El punto clave es recordar la razón por la que la Red creó los bancos centrales en primer lugar: para controlar "el sistema político de cada país y la economía del mundo en su conjunto".[167] Cuanto antes desarrollemos métodos eficaces para comerciar por fuera del sistema, más pronto su sistema será irrelevante y podremos dejarlo en el olvido.

3. Atacar el Impuesto Sobre la Renta

En el capítulo 4, revisamos cómo hace aproximadamente cien años, la Red, comenzó a robar grandes cantidades de dinero para realizar su proyecto de dominación global. Llamó al robo el "impuesto sobre la renta" y, desde entonces, ha glorificado la expropiación anual como el "deber moral" de los ciudadanos.

Rebasa el alcance de este texto profundizar en cómo la Red, a través de sus fundaciones *exentas de impuestos*, utilizó la educación para construir el apoyo público a esta confiscación, previamente ilegal, de salarios.[168] Baste con decir que, usando al gobierno como su instrumento, la Red ahora puede canalizar miles de millones de dólares

---

[165] A pesar de que en realidad comenzó como una broma, Dogecoin ha establecido una fuerte comunidad de usuarios desde marzo de 2014

[166] Para leer un breve artículo y ver un video sobre Bitcoin, visite la página: http://joeplummer.com/bitcoin-vs-federal-reserve-notes.html

[167] *Tragedy and Hope*, página 324

[168] Es una cuestión enorme y bien vale la pena analizar el tema de cómo la Red ha utilizado la educación para "tirar de los hilos de la mente del público". Si desea leer una breve introducción, recomiendo la entrevista de Norman Dodd a Ed Griffin. La transcripción está disponible aquí: http://www.realityzone.com/hiddenagenda2.html

cada año para promocionar sus propios intereses. Desde los multimillonarios rescates bancarios a los aproximadamente cien millones de dólares *por hora* que se vierte en el complejo industrial militar,[169] la Red puede lograr legalmente cosas, con "los impuestos gubernamentales" y "la política del gobierno", que nunca podría lograr privadamente.

Por supuesto, el *poder privado* disfrazado como poder del gobierno no es un fenómeno nuevo, y quienes fundaron el gobierno federal de los Estados Unidos hicieron todo lo posible para protegernos de este problema. Sabían que cuanto más poder tuviera el gobierno, más rápidamente se corrompería para su uso privado. Por esa razón, nuestra Constitución se escribió para *limitar* el poder del gobierno. Nuestra Declaración de Derechos se escribió para *limitar* el poder del gobierno. La oposición de los Fundadores a tener ejércitos permanentes, su postura contra el papel moneda fiduciario, su aversión a los impuestos -todo esto buscaba limitar el poder del gobierno y, por extensión, el inevitable *abuso privado* de ese poder. Desafortunadamente, desde 1913, la Red ha socavado sin descanso o ha destruido completamente, uno por uno, todos los límites antes mencionados.

Esto ilustra perfectamente *por qué hay* que dañar o perturbar seriamente, su llamado mecanismo de financiación como es "el impuesto sobre la renta". Olvídese del hecho de que fue impuesto a la nación a través del fraude y la manipulación. Olvídese del hecho de que los ingresos se utilizan para destruir (en lugar de proteger) la

---

[169] Este término fue popularizado por el presidente Eisenhower en su discurso de despedida. Afirmó, en parte: "En los consejos de gobierno, debemos evitar que.... el complejo militar-industrial adquiera una influencia injustificada.... El potencial para el aumento desastroso del poder externo existe y persistirá... No debemos dar nada por sentado. Sólo una ciudadanía alerta e informada puede imponer el correcto ensamblaje de la enorme maquinaria industrial y militar de defensa con nuestros métodos y objetivos pacíficos, para que prospere la seguridad y la libertad. http://en.wikipedia.org/wiki/Eisenhower's_farewell_address

esencia de nuestra Constitución y nuestra Declaración de Derechos. En su lugar, es necesario piense el argumento en contra de un impuesto obligatorio únicamente desde el punto de vista de las *relaciones de poder*. Véalo como lo ve la Red: si la ciudadanía puede *obligar al* "gobierno" a obedecer sus deseos (cortando el acceso al dinero), entonces los ciudadanos tienen la última palabra respecto de la supervivencia de una decisión *política*. Sin embargo, si hombres poderosos simplemente pueden confiscar la cantidad de dinero que quieren (a través de impuestos o imprimiéndolo), entonces los ciudadanos han perdido su método no violento más eficaz de control. Sí, todavía pueden expresar su desaprobación general, como lo hicieron en el caso de los rescates bancarios más recientes, pero esto no significa nada. Mientras se presenten las quejas junto con *los pagos realizados en su totalidad*, y toda la indignación por la negativa del gobierno a escuchar recaiga sobre representantes fácilmente reemplazables, el poder de la Red permanece intacto.

En última instancia, cada individuo debe decidir cómo atacar el problema del impuesto sobre la renta. Yo decidí cortar mis ingresos drásticamente, reduciendo la cantidad de dinero que "debía" a cero.[170] Esto es algo probablemente demasiado radical para la mayoría de la gente, y sin duda hay otras opciones. Algunos encuentran formas legales

---

[170] Para el año 2003, yo era dolorosamente consciente de la naturaleza ilegítima de nuestro gobierno federal. Debido a la cantidad de dinero que estaba ganando en ese momento (aproximadamente $ 500.000 al año), mis llamados impuestos sobre la renta, incluso después de hacer las deducciones, se elevaban a más de $ 100.000 al año. No hay manera de que pueda expresar todo lo *dañado* que me sentía cada vez que escribía uno de esos cheques, al saber que estaba dándole poder a las personas que se dedicaban activamente a destruir mi país. Por lo tanto, decidí vender mi negocio y hacer todo lo que estuviera a mi alcance para exponer sus crímenes, y empecé a vivir de mis ahorros y de ingresos procedentes de activos. Diez años más tarde, me he quedado sin ahorros y activos, pero no me arrepiento de mi decisión. Se siente bien saber que, al menos, me salvé de la angustia de estar entregando otro millón o más en "impuestos" a una banda de mentirosos, ladrones y tiranos. Lamentablemente, ahora que tengo que empezar a ganar dinero otra vez y nuevamente voy a tener que enfrentarme a este conflicto.

para reducir sus impuestos sobre la renta; otros se dedican a formas no tan legales. Algunos siguen "pagando con reclamo" (que es al menos mejor que pagar *sin* reclamar), mientras que otros de plano se niegan totalmente a pagarlo. Por último, pero no menos importante, las monedas alternativas también proporcionan una opción, ya que permiten a los ciudadanos para llevar a cabo transacciones comerciales por fuera del sistema financiero de la Red. Ya sea que se trate de monedas de oro y plata, o monedas digitales semianónimas como Bitcoin, litecoin, o dogecoin, la red no puede rastrear fácilmente estas transacciones, lo que dificulta a sus miembros poder calcular lo que se "debe".[171] Es la decisión de los ciudadanos considerar si están obligados a revelar sus asuntos financieros privados a los hombres que están buscando esclavizarlos.

No hace falta decir que los padres fundadores hubieran considerado que el impuesto sobre la renta era una abominación inconstitucional. No hace falta decir que la Red utiliza su influencia ilegítima para imponer este impuesto al pueblo estadounidense. Nunca debió haber existido. Debe ser derogado y sustituido con, preferentemente, nada. (Durante más de un siglo, el gobierno federal llevó a cabo su función *prevista* en nuestra sociedad, sin cobrar impuesto sobre la renta. Puede hacerlo de nuevo)

4. Anulación: Negarse a Cumplir, Negarse a Condenar

Si bien estaba prácticamente olvidado, recientemente se ha desempolvado un arma extremadamente poderosa, *la anulación*, que se está usando de una manera provechosa. El concepto detrás de la anulación es muy simple: la *gente*

---

[171] Por supuesto, "el gobierno" ya está trabajando para crear un entorno regulador para destruir esta ventaja.

determina lo que el gobierno tiene el poder de hacer, y no al revés. Cuando los políticos en Washington se otorgan a sí mismos "la autoridad legal" para hacer cosas que violan las restricciones legales sobre su poder, el pueblo tiene el derecho y *el deber* de frenarlos.

> Dos docenas de estados estadounidenses anularon la Ley REAL ID de 2005. Más de una docena de estados han desafiado con éxito al gobierno federal en relación con la marihuana medicinal. Todo tipo de iniciativas de anulación, en relación con la reciente legislación de salud, los topes y el comercio, y la segunda enmienda están emergiendo por todas partes.
> La fuente indispensable para iniciativas relacionadas con la anulación [puede encontrarse en] TenthAmendmentCenter.com. Su página de Seguimiento Legislativo cubre una variedad de iniciativas de anulación y realiza un seguimiento de su avance en las legislaturas estatales de todo el país.[172]

La anulación estatal, incluso la *amenaza* de la anulación estatal, es una herramienta que se ha usado eficazmente durante cientos de años en este país. Desde las Leyes de Extranjeros y Sedición de 1798 a las búsquedas inconstitucionales y expropiaciones de 1807-1809, de la resistencia a la conscripción de 1812 a la obstrucción de las leyes de los esclavos fugitivos de los estados del norte, la anulación ha proporcionado una manera no violenta para que los ciudadanos puedan rechazar la extralimitación federal.[173] Sin embargo, la anulación estatal no es nuestra

---

[172] Para una rápida introducción a la anulación, visite: http://www.libertyclassroom.com/nullification/

[173] http://www.libertyclassroom.com/objections/

única opción. Otra forma es la anulación *del jurado,* la cual tiene el potencial de ser aún más poderosa.

> La anulación del jurado ocurre cuando un jurado concluye que el acusado es técnicamente culpable, pero no puede condenar al acusado porque la ley en cuestión es injusta. Si bien la anulación del jurado es algo legal, con frecuencia los jueces no les informan a los jurados de este poder...[174]
>
> En los Estados Unidos, la anulación del jurado apareció por primera vez en la era anterior a la Guerra Civil, cuando, algunas veces, los jurados se negaban a condenar las violaciones a la Ley de Esclavos Fugitivos. Más tarde, durante la prohibición, los jurados a menudo anulaban las leyes de control del alcohol, posiblemente el 60% de las veces. Esta resistencia pudo haber contribuido a la adopción de la vigésima primera enmienda que derogó la prohibición...[175]

Para mostrar la magnitud de este poder *directo* sobre nuestro gobierno que se nos dio, imagine el siguiente escenario hipotético: Soy un miembro del jurado, y usted ha sido llevado a los tribunales por negarse a pagar sus impuestos al instrumento de recolección de la Red (el IRS). Impenitente, usted se pone de pie y declara lo siguiente: "Por propia voluntad, no voy a seguir financiando una institución que viola impunemente la ley y participa en un comportamiento moralmente reprobable. Ya no seré cómplice del crimen. Prefiero ser castigado por obedecer a mi conciencia a ser recompensado por ignorarla".

---

[174] http://www.huffingtonpost.com/2012/09/17/doug-darrell-marijuana-jury-nullification_n_1890824.html
[175] http://en.wikipedia.org/wiki/Jury_nullification

Es muy poco probable que su abogado defensor apoye este enfoque, pero recuerde que esto es sólo un escenario hipotético para demostrar el poder que *todavía poseemos* como ciudadanos. Si yo soy un miembro del jurado en este caso, es muy probable que vaya a argumentar a favor de la anulación. Si eso no funciona, voy a procurar que se declare un jurado en desacuerdo. En esta ocasión, no se formulará ninguna convicción. Ahora, multiplique ese mismo escenario un par de docenas de veces, y luego un par de cientos de veces, y luego un par de miles de veces... el poder sobre nuestros ingresos, *robado* por la Red en 1913, le será legítimamente devuelto a las personas. (No pueden sobrevivir las leyes que no conducen a un procesamiento. La anulación es nuestra forma final de control no violenta en contra el abuso del poder por parte del gobierno).

5. Tecnologías Disruptivas

Durante los últimos 100 años, la Red ha trabajado muy duro para monopolizar nuestro dinero, medios de comunicación, medicina, fabricación, educación, energía, agricultura y gobierno. Pero todo éste poder vertical y centralizado se encuentra actualmente bajo ataque. Está siendo destruido, pero no por ejércitos, sino debido a la innovación.

Ahora mismo, el ejemplo más obvio y extendido de éste poder destructor de monopolios es la internet. Aunque la Red todavía puede utilizar su imperio de medios de comunicación para propagar mentiras, la internet ha limitado dramáticamente la duración de esas mentiras. También, gracias a la internet, la Red ha perdido su capacidad de detener a denunciantes, hackers, y ciudadanos comunes que deseen exponer sus crímenes. (Anteriormente, ellos podían sencillamente negarse a distribuir evidencia. Hoy, podemos distribuir ésta evidencia nosotros mismos; podemos llegar al mundo entero instantáneamente, con un coste casi igual a cero). En toda la historia de la humanidad, los gobernantes nunca habían enfrentado una amenaza de tal magnitud, y apenas está comenzando.

Estamos entrando en una era de desarrollo tecnológico que muchos creen que llevará a una "disrupción exponencial". Todos los antes mencionados "cuellos de botella" de control (desde energía, educación y medicina, hasta fabricación, agricultura y gobierno) cambiarán dramáticamente dentro de los próximos 20 a 30 años. La característica más beneficiosa de éstos cambios potenciados por la tecnología es que, al igual que la internet, tenderán a descentralizar y redistribuir el poder. Éstos debilitarán, y después reemplazarán, los sistemas centralizados inmorales e inadecuados que nuestros gobernantes han creado.

Simplemente, para desmantelar a la élite, debemos continuar descentralizando todo lo que ellos han monopolizado. Debemos crear los sistemas paralelos / competencia a los suyos, que eventualmente los volverán irrelevantes. Y es aquí donde el tema de "despertar conciencias" realmente muestra cuán importante es. Por cada millón de personas que "despierten", habrá una pequeña cantidad de ellas que apliquen totalmente sus talentos (en sus campos de experiencia respectivos) a la creación de soluciones. Mientras más se unan a la lucha, más soluciones habrán de emerger. Igualmente, importantes son los millones de personas que están "despiertos", pero que no están desarrollando soluciones activamente. ¿Por qué? Porque ellos habrán de proveer una base fundamental de primeros adoptadores; ellos serán los que apoyarán las alternativas emergentes.

Para el momento en que entre el 10 y el 15 por ciento de la población adulta comience a apoyar y a aplicar las tácticas descritas en éste capítulo, el continuo e ilegítimo control de la Red se volverá inmanejable. Pero este ejército de ciudadanos informados y comprometidos no va a aparecer por arte de magia. Tenemos que hacer que ocurra. Y mientras vamos haciéndolo ocurrir, aquellos que ostentan el poder habrán de atacar nuestros esfuerzos con cada mentira y truco sucio en el manual; pero no importa. Si pretendemos recuperar lo que éstos "hombres falsos y conspiradores"[176] nos han robado, debemos estar preparados para *exigirlo*. Si pretendemos lograr nuestros fines por medios no violentos, el momento de actuar es **ahora**… y si una confrontación violenta se muestra inevitable, podremos estar seguros de que el trabajo *no violento* que hayamos hecho, será la base de nuestro éxito.

Para aclarar la importancia de la resistencia, en los últimos capítulos abordaré la increíble impunidad e inmoralidad de aquellos a los que nos oponemos. Más que enfocarme como *pudieran* abusar de su poder, me enfocaré en como lo han hecho.

---

[176] Esta es una referencia a una famosa cita de Samuel Adams. Dice, en parte: "Vale la pena defender a toda costa las libertades de nuestro País, la libertad de nuestra constitución civil: Y es nuestro deber defenderlas contra todos los ataques… Traerá una infamia eterna a la generación actual, con lo educada que es, si dejamos que nos las arranquen por la violencia y sin haber luchado; o que nos engañen los artificios de los hombres falsos y conspiradores. Nos encontramos en el mayor peligro de experimentar lo último en la actualidad" http://en.wikiquote.org/wiki/Samuel_Adams

CAPÍTULO 6

Los Gobernantes se Representan a Sí Mismos

"No se puede proteger la libertad si la gente
no posee un conocimiento general [de lo] que es
más temido y más deseado, es decir, la identidad y la
conducta de sus gobernantes".

—John Adams[177]

En la Declaración de la Independencia, podemos encontrar el *principal argumento* que determina cuál es el poder de gobierno: garantizar los derechos de las personas. Si no existe algún tipo de mecanismo de protección, los criminales abusarán de la población sin ningún temor a las consecuencias. Harán lo que les plazca a quienes no tienen la fuerza necesaria para oponérseles.

En exactamente el mismo documento, encontramos el principal argumento para poder *limitar o revocar* el poder del gobierno: garantizar los derechos de las personas. Si no existe algún tipo de mecanismo de protección, los criminales obtendrán el control del gobierno y utilizarán su poder para abusar de la población. Harán lo que les plazca

---

[177] Esta cita carga una buena dosis de ironía. ¿Puede haber una verdadera "libertad" si los funcionarios elegidos se ven a sí mismos como "gobernantes"? Y si John Adams realmente creía en el concepto de libertad, ¿habría convertido en ley las Actas de Extranjeros y Sedición?

a quienes no tienen la fuerza necesaria para oponérseles. (Nunca van a usar el poder del gobierno para procesarse y castigarse ellos mismos).

El primer argumento (el gobierno nos puede proteger de los criminales) está vivito y coleando. De hecho, desde muy temprana edad, se lo taladra incesantemente en la cabeza de todos los ciudadanos. Sin embargo, el segundo argumento (el gobierno realmente puede *exponernos a* la delincuencia) prácticamente ha desaparecido de la discusión políticamente correcta. Y esto, a pesar del hecho de que la *amenaza* que plantean los criminales que están en el gobierno es muy superior a la amenaza que representan los delincuentes comunes. Si tiene alguna duda, tenga en cuenta lo siguiente:

Los delincuentes comunes no tienen acceso a los medios de comunicación, la confianza de las masas, o el aire de legitimidad dado a quienes logran ocupar una posición de *autoridad.* No pueden tomar ilegalmente nuestro dinero, destruir el poder adquisitivo de nuestra moneda, o controlar a la policía y al ejército. Los delincuentes comunes no pueden *legislar* para limitar nuestros derechos, o reducir a nuestros hijos a la condición de esclavos de la deuda. No pueden obstruir una investigación de sus crímenes desde el *interior* del sistema. (No pueden sellar documentos, confiscar y "perder" la evidencia, o designar a sus propios investigadores). Los delincuentes comunes no pueden redactar y hacer cumplir las leyes *de manera selectiva.* No pueden desarmar a millones de sus potenciales víctimas, detenerlos y encarcelarlos, o algo peor. Ellos no pueden llevar naciones enteras a la guerra, para beneficiarse económica y políticamente de la carnicería...

Baste con decir que, *por esta razón* quienes crearon el gobierno de los Estados Unidos constantemente se referían a la necesidad de *limitar* su poder a través de la Constitución y la Declaración de Derechos. Tal como lo escribió Thomas Jefferson en las *Kentucky Resolutions of 1798*, tener demasiada confianza en las buenas intenciones de nuestros líderes electos es el "germen del despotismo en todas partes". Sería una "peligrosa ilusión," advirtió, confiar en quienes detentan actualmente el poder, simplemente porque son "los hombres que hemos elegido".

"En cuestiones de poder... hacer oídos sordos a otorgarle confianza a los hombres, en su lugar, aléjenlos de todo mal y sujétenlos con las cadenas de la Constitución". - Thomas Jefferson, *Kentucky Resolutions*

Los miembros de la Red han pasado los últimos cien años haciendo todo lo posible para alimentar la "peligrosa ilusión" de la que Jefferson nos advirtió. Para poder hacer su voluntad en el mundo, nuestros *gobernantes* necesitan romper las cadenas "de la Constitución" que los sujetan. Ellos no quieren ejercer un *limitado* poder de gobierno; sino todo lo contrario.

La Guerra contra la Libertad

"De todos los enemigos de las libertades públicas, la guerra es, quizás, el más temible... La guerra es el origen de los ejércitos; de estos devienen deudas e impuestos... y ejércitos, y las deudas y los impuestos son los instrumentos más populares para que muchos puedan ser dominados por unos pocos... Ninguna nación puede proteger su libertad si está en medio de una guerra constante".

—James Madison[178]

En el capítulo 1, revisamos brevemente las investigaciones que se realizaron en la década de 1950 sobre las grandes fundaciones exentas de impuestos. Muchos se sorprendieron cuando se descubrió que las fundaciones *capitalistas* estaban

---

[178] http://en.wikiquote.org/wiki/James_Madison

usando su dinero para apoyar el *comunismo*. A primera vista, parece algo ridículo. ¿Por qué los hombres más ricos del mundo quieren "que las políticas estadounidenses para el Extremo Oriente persigan objetivos comunistas?"[179] Esta política aparentemente suicida empieza a tener más sentido cuando se conoce cómo en realidad funciona la Red. Es importante recordar que la guerra, y la *amenaza* de guerra, les ha permitido (más que cualquier otra cosa) acercarse cada vez más a su meta de destruir la soberanía nacional.

Norman Dodd era el investigador principal de una de las investigaciones anteriormente mencionadas[180] y, como tal, fue elegido para designar a las personas que integrarían el comité. Hacia la década de 1950, la propaganda que promocionaba la humanitaria "bondad" de las fundaciones exentas de impuestos era ampliamente aceptada, y muchas personas, incluyendo a una de las investigadoras de Dodd, Katherine Casey, consideró que las fundaciones eran intachables. Como lo expresó Dodd, Casey no "creía en los fines de la investigación. Su actitud era...: "¿Qué puede haber de malo con las fundaciones? Hacen mucho bien."[181] Pero la confianza de Casey rápidamente se desvaneció cuando ella indagó lo que era, en su momento, décadas de registros de la Fundación Carnegie, que estaba conectada con la Red. Dodd explica:

> Agrupé ciertos períodos de tiempo [para Casey], y ella partió a Nueva York. Después de dos semanas, regresó con las siguientes cintas de dictáfono:
> "Ahora estamos en el año 1908... En ese año, los administradores... plantearon una pregunta

---

[179] Tomado del informe final de la Subcomité de Seguridad Interna del Senado, http://en.wikipedia.org/wiki/Institute_of_Pacific_Relations
[180] http://en.wikipedia.org/wiki/The_Reece_Committee
[181] Fuente: Entrevista de Ed Griffin a Norman Dodd: http://www.realityzone.com/hiddenagenda2.html

específica, que discutieron durante el resto del año con gran erudición. La pregunta es: '**¿Hay algún medio conocido más eficaz que la guerra, suponiendo que se desee alterar la vida de todo un pueblo?** ", Y concluyen que no hay medio conocido por la humanidad que sea más eficaz que la guerra para alcanzar ese fin. Entonces, en 1909, plantearon la segunda pregunta que pasaron a discutir, a saber: "**¿Cómo podemos involucrar a Estados Unidos en una guerra?** '... Finalmente, respondieron la pregunta de la siguiente manera: "**Debemos controlar el Departamento de Estado".** Lógicamente, eso plantea la cuestión de ¿cómo se hace eso? Y ellos responden diciendo. **"Tenemos que hacernos cargo de la maquinaria diplomática de este país y controlarla".** Y, por último, resolvieron que ése sería un objetivo".

Tenga en cuenta que los planes que Casey está denunciando fueron escritos inicialmente sólo unos pocos años *antes* de que la Red lograra hacerse del control de la "maquinaria diplomática" del país (usando a Woodrow Wilson y Mandell House). Ese control se amplió posteriormente a través del grupo "expertos" dirigido por la Red conocido como *The Inquiry* ("La Indagación"). A su vez, *The Inquiry* se convirtió en lo que ahora se conoce como el Consejo de Relaciones Exteriores (CFR por sus siglas en inglés). A los veinte años de su fundación, ha sido innegable el enorme poder del CFR dentro del Departamento de Estado. (Encontrará un excelente ejemplo en los *War and Peace Studies de* 1939.[182]) El informe de Casey continúa:

---

[182] Hoy en día, hay una buena cantidad de información disponible en los Estudios de Guerra y Paz dirigidas por CFR. Sin embargo, el proyecto fue inicialmente altamente secreto, desconocido para todos excepto un puñado de miembros del CFR. En *Seeds of Destruction*, página 102, William Engdahl señala: "el Grupo de estudios de la Guerra y

"Luego pasa el tiempo, y estamos finalmente en guerra, que sería la Primera Guerra Mundial. En ese momento, registran en sus minutas un informe impactante, en el que despachaban al Presidente Wilson un telegrama en el que se le advierte que necesita asegurarse de que la guerra no termine muy rápido. Finalmente, por supuesto, la guerra termina. En ese momento se interesan en prevenir lo que ellos llaman el regreso de los Estados Unidos a lo que era la vida antes de 1914 cuando estalló la Primera Guerra Mundial. En ese momento llegaron a la conclusión de que, para evitar un regreso, *'tenemos que controlar la educación en los Estados Unidos'*. "... Se dan cuenta de que es una empresa muy grande... Entonces deciden que la clave del éxito... radica en modificar la enseñanza de la historia de los Estados Unidos".[183]

Según Norman Dodd, Casey estaba tan devastada por la información que descubrió durante la investigación del Comité Reece que nunca pudo superarlo.

En lo que se refiere al impacto que tuvo en Katherine Casey... ella nunca pudo volver a ejercer como abogada. En última instancia, como consecuencia, perdió el juicio. Fue un golpe terrible para ella. Es una experiencia muy dura encontrar pruebas de este tipo.[184]

---

la Paz del Consejo de Nueva York de Relaciones Exteriores, efectivamente se hizo cargo de toda la planificación de la posguerra para el Departamento de Estado de Estados Unidos. Después de 1942, la mayor parte de sus miembros fueron simplemente incluidos directamente en la nómina del Departamento de Estado ".

[183] Fuente: Entrevista de Ed Griffin a Norman Dodd: http://www.realityzone.com/hiddenagenda2.html

[184] Fuente: Entrevista de Ed Griffin a Norman Dodd: http://www.realityzone.com/hiddenagenda2.html

Esa última frase es muy intensa. En verdad *es* una "experiencia muy dura encontrar pruebas" de haber sido engañado intencionadamente. Es *doloroso* saber que unos mentirosos, manipuladores, inteligentes y arrogantes, han obtenido su confianza bien intencionada, para luego agarrarlo de tonto. *Nadie* quiere tener esa sensación y, dado que tiene que ver con "nuestras" poderosas instituciones, esa sensación empeora en lugar de mejorar. Después de descubrir la traición inicial, uno se da cuenta de que todo el tiempo han estado traicionado nuestra confianza. Uno se da cuenta de que todo el sistema ha sido *diseñado* para engañarlo y atraparlo (junto con el resto del público incauto) en una realidad fabricada, en una *ilusión*.

Tal vez lo peor de todo sea que, después de estudiarlo y reflexionar seriamente, usted empiece a comprender la magnitud del problema. La misma propaganda institucional que inicialmente *lo engañó* todavía tiene influencia sobre millones y millones de mentes. Para desbloquear esas mentes, necesita convencer a la gente para que investigue la terrible realidad que, para ellos, parece algo ridículo y ofensivo. Usted tiene que aceptar el hecho de que la mayoría de la gente va a ser "indiferente al objetivo" de *toda* investigación que desafíe sus creencias profundamente arraigadas.

Katherine Casey descubrió una conspiración criminal que era tan intrínsecamente inmoral, y estaba tan en contradicción con la opinión popular, que poca gente podría creer que la historia fuera cierta. Y, dado que no tenemos acceso a los documentos que ella vio, es perfectamente razonable ser algo escépticos. Por lo tanto, siguiendo adelante, vamos a suponer que solo tenemos unas pocas afirmaciones generales:

1. Los miembros de la Red creen que tienen el *derecho* de gobernar en secreto.

2. Mediante el control de la política y de la percepción del público, tienen la *capacidad* para hacerlo.
3. Debido a su poder dentro del sistema político, sus crímenes son raramente expuestos y nunca son castigados adecuadamente.

A lo largo del resto de este libro, voy a demostrar que estas tres afirmaciones son ciertas.

La Operación Northwoods

Al igual que Katherine Casey, mi visión del mundo cambió para siempre cuando me encontré con un documento que se suponía que no debía leer. Coincidentemente, el documento secreto que vi también se refería a la guerra; específicamente, un plan para involucrar a los Estados Unidos en una guerra convenciendo a sus ciudadanos, su gobierno y sus fuerzas militares que la nación había sido atacada. Solo un puñado de personas en la cúspide del poder conocería la terrible realidad (que el ataque iba a ser un trabajo interno). Su éxito, como casi todo lo que hace la Red, estaría garantizado por la explotación de los impulsos humanitarios de la gente y la traición de la confianza pública.

Para entender lo realmente fácil que es para la Red engañar a un público confiado, vamos a empezar con un experimento mental. Imagine la siguiente situación hipotética:

El presidente de los Estados Unidos aparece en la televisión nacional y anuncia que Irán ha derribado un avión civil lleno de doscientos estudiantes estadounidenses. No hay sobrevivientes. Lo único que queda del avión, sus pasajeros y su tripulación es la grabación final de la transmisión frenética del piloto: "Mayday, mayday, estamos siendo atados por un caza iraní... Necesitamos ayuda aquí y rápido... Mayday, ¿Me copia?," seguida por el sonido de una explosión, gritos frenéticos, y luego se escucha silencio.

A medida que los medios de comunicación reproducen el audio escalofriante una y otra vez (haciendo una que otra pausa para entrevistar a los afligidos padres que han perdido a sus hijos), el presidente le asegura al público horrorizado e indignado que los Estados Unidos actuarán con rapidez y decisión. "No vamos a quedarnos de brazos cruzados cuando los hijos de nuestro país han sido asesinados a sangre fría. Hemos tolerado este régimen iraní desquiciado y arrogante durante demasiado tiempo, y ahora será llevado ante la justicia. He dado instrucciones al secretario de la defensa para que prepare una propuesta con un curso de acción preliminar y me lo entregue en mi escritorio por la mañana".

En este escenario hipotético, muy pocas personas tendrían algún deseo de detener la confrontación militar que se avecina. Muy por el contrario, después de haber sido debidamente empujadas a un frenesí emocional, en todo momento vitorearían apoyando un "contraataque". Incluso sería poco probable que hablaran quienes cuestionaron la sensatez y las posibles consecuencias de una guerra con Irán. Si lo hicieran, sólo serían acallados por una multitud enfurecida manipulada por los medios de comunicación. Es psicología humana básica; es perfectamente previsible. Igualmente predecibles son las *pocas probabilidades* de que alguien tuviera el temple para expresar un discurso diferente, especialmente uno que desplace la culpa del villano bien demarcado (Irán) al héroe bien intencionado (el gobierno estadounidense).

Si lo duda, sólo imagine un "conspirador loco" saliendo a la luz y afirmando lo siguiente: "¡Todo es una mentira! ¡Irán es inocente! ¡Nuestro gobierno lo planeó todo! Cargaron un avión civil con pasajeros *falsos*, hicieron volar el avión a un lugar secreto, bajaron a los pasajeros falsos, y reemplazaron el avión original con un avión no tripulado a control remoto. Luego, hicieron que un *falso* avión de combate iraní (que era realmente un caza estadounidense pintado como un avión de combate iraní) persiguiera al avión no tripulado a control remoto. Luego, ¡transmitieron una señal falsa "Mayday" del avión no tripulado justo antes de hacerlo estallar! ¡Todo fue una trampa para engañar y atacar a Irán!"

¿Qué porcentaje de la población que cree en el gobierno podría creer que *su propio gobierno* se confabularía para hacer algo tan ridículo y demente? Probablemente *cero* por ciento. A menos que, por supuesto, la información de cómo opera realmente "su gobierno" les fuera revelada a través de alguna prueba impactante y así el "conspirador loco" tuviera razón. Pues bien, sustituya "Irán" por Cuba, y tendrá una descripción casi perfecta del Documento Northwoods.[185]

El documento Northwoods fue un plan oficial del gobierno de los Estados Unidos para hacer que la gente apoyara una guerra innecesaria e ilegal. En el documento, los autores proponen muchos "pretextos" para lograr su objetivo: todo, desde la *creación* de una "campaña de terror" en los Estados Unidos hasta enviar agentes estadounidenses encubiertos a atacar objetivos estadounidenses y luego culpar a Cuba de los ataques. Incluso habla de fabricar un ataque completo usando aviones *falsos*, pasajeros *falsos*, aviones no tripulados a control remoto, una llamada de auxilio falsa, y una orden *falsificada* de "derribar". ¿Suena increíble? A mí también me pareció así, hasta que lo leí yo mismo.

He aquí el texto relacionado, extraído directamente del Documento Northwoods:

---

[185] El Documento Northwoods "Altamente Secreto" ahora está desclasificado y está disponible para su descarga en el sitio web de la George Washington University: http://www.gwu.edu/~nsarchiv/news/20010430/

Conforme a lo solicitado por el jefe de operaciones, Proyecto Cuba, el Estado Mayor Conjunto describirá de forma breve pero precisa los pretextos que a su juicio, pudieran justificar la intervención militar de Estados Unidos en Cuba... todos los proyectos se realizarían en los próximos meses.

Es posible crear un incidente que demuestre de manera convincente que un avión cubano ha atacado y derribado un avión civil charter... Los pasajeros podrían ser un grupo de estudiantes universitarios de vacaciones o cualquier grupo de personas interesadas en contratar un vuelo no regular.

a. En la base aérea de Eglin, se pintará y se le dará un número de identificación a un avión que será un duplicado exacto de una aeronave civil registrada perteneciente a una organización propiedad de la CIA... En un momento determinado, el duplicado sería sustituido por la aeronave civil real y abordarían los pasajeros seleccionados, todos bajo nombres falsos cuidadosamente preparados. La aeronave registrada real se convertirá en un avión no tripulado.

b. Se programarán las horas de salida del avión no tripulado y del avión real y un encuentro al sur de la Florida. Desde el punto de encuentro, el avión de transporte de pasajeros descenderá a la altitud mínima y se dirigirá directamente a un campo auxiliar en la base aérea Eglin, donde se los pasajeros descenderán y se regresará la aeronave a su estado original. Por su parte, el avión teledirigido continuará volando de acuerdo con el plan de vuelo presentado. Cuando esté volando sobre Cuba, empezará a transmitir en la frecuencia internacional de socorro un mensaje de "May Day" indicando que está siendo atacado por aviones MIG cubanos. La destrucción de la aeronave, que será activada con una señal de radio, interrumpirá la transmisión. Esto permitirá que las estaciones de radio de la OACI del hemisferio occidental le comuniquen a los EE.UU. lo que ocurrió con la aeronave en lugar de que los EE.UU. trate de "vender" el incidente.

Inmediatamente antes de ejecutar la propuesta anterior, el documento sugiere que pilotos militares de Estados Unidos amenacen a los aviones civiles con falsos "aviones tipo MIG". (Se supone que esto haría mucho más creíble la orden posterior de "derribar").

Un F-86 pintado adecuadamente convencería a los pasajeros aéreos que vieron un MIG cubano, especialmente si el piloto de la aeronave lo afirmara como un hecho... en unos tres meses se podrían producir copias razonablemente buenas del MIG con recursos de los Estados Unidos.

Como se ha indicado, estos planes se redactaron en apoyo al más ambicioso Proyecto Cuba, que era, esencialmente, una operación encubierta dirigida por la CIA contra Cuba. El Proyecto Cuba contenía muchas otras propuestas igualmente inmorales y deshonestas. Una de esas propuestas consistía en que los Estados Unidos atacasen Jamaica y luego culparan del ataque a Cuba.

Jamaica y Trinidad y Tobago fueron algunas de las naciones que el Estado Mayor Conjunto sugirió como objetivos de ataques encubiertos. Como ambos países eran miembros de la British Commonwealth, el Estado Mayor Conjunto esperaba que, al atacarlos en secreto, para luego culpar falsamente a Cuba, los

Estados Unidos podría alentar al pueblo del Reino Unido a apoyar una guerra contra Castro.[186]

Asimismo, se planteó un plan que implicaba sobornar a un comandante cubano para lanzar un ataque contra la base militar estadounidense de Guantánamo. Como lo señala James Bamford: "El acto sugerido -sobornar a una nación extranjera para que lanzara un ataque violento contra una instalación militar americana -era un acto de traición". [187]

Es imprescindible entender que las operaciones encubiertas de esta naturaleza son posibles gracias a la *ignorancia* de tanto el público *como de la gran mayoría* del gobierno y el personal militar. (Todo el sentido de una operación encubierta es engañar; ganar algo que de otro modo sería incapaz de lograr). Con respecto a estas y otras propuestas, un informe del Departamento de Defensa indicaba claramente:

> Cuando se toma la decisión de montar una situación artificiosa, se debe limitar la participación a sólo el personal encubierto de los Estados Unidos de la más alta confianza. Esto sugiere que es inviable utilizar unidades militares para cualquier aspecto de la situación artificiosa.[188]

Como parte del Proyecto Cuba, se aprobó la Operación Northwoods a través de la más alta cadena de mando hasta llegar al presidente de los Estados Unidos. Afortunadamente, cuando el documento llegó a su escritorio la opinión que el presidente Kennedy tenía de la CIA y sus tácticas ya estaba deteriorada, y lo rechazó. Si no lo hubiera hecho,

---

[186] *Wikipedia*, Operation Northwoods: http://en.wikipedia.org/wiki/Operation_Northwoods
[187] James Bamford, *Body of Secrets*, página 89
[188] Body of Secrets, página 89

no hay ninguna duda de que este plan habría conducido a una guerra innecesaria y a la muerte de muchos miles, todo basado mentiras. Peor aún, fácilmente podría haber provocado un intercambio nuclear con Rusia y *millones de muertos*, por puras mentiras.

Nota al margen: la opinión negativa que Kennedy tenía de la CIA, creada por la Red, se resume muy bien en la siguiente cita: "Quiero astillar la CIA en mil pedazos y dispersarla a los vientos".[189] Muchas personas, por una buena razón, creen que la CIA desempeñó un papel directo tanto en el asesinato de JFK como en su encubrimiento. Ese tema está más allá del alcance de este libro. Sin embargo, solo como referencia, libros como *JFK and the Unspeakable* han hecho un excelente trabajo al revelar la lucha de poder que surgió entre Kennedy y sus "asesores" de política exterior cuando él comenzó a conducir la política exterior de la nación en una dirección que no aprobaban.

Cuando leí por primera vez la Operación Northwoods, todavía yo era como Katherine Casey -terriblemente ingenuo-. En mi mundo imaginario, cualquier individuo que conspirara para facilitar ataques terroristas contra los Estados Unidos[190] debía verse como un terrorista y debía ser castigado severamente. Cualquier grupo de *servidores públicos* que se propusiera incriminar a otra nación por un crimen que no cometió, matara personas inocentes, y condujera con engaños a la nación a una guerra ilegal debía ser enjuiciada y encarcelado por mucho tiempo. Pero mientras buscaba información sobre cómo rindieron cuentas estos conspiradores, no encontré nada: no hay cargos, no hay pruebas, no hay castigo.[191] Era como si el

---

[189] http://en.wikipedia.org/wiki/CIA_Kennedy_assassination_conspiracy_theory

[190] "Podríamos desarrollar una campaña de terror comunista cubano en el área de Miami, en otras ciudades de Florida e incluso en Washington". - Operación Northwoods

[191] Algunos han argumentado que el jefe del Estado Mayor Conjunto de los Estados Unidos, Lyman Lemnitzer, perdió su trabajo debido a la Operación Northwoods, por lo que fue "castigado". Pero si Lemnitzer estaba siendo castigado por nuestro gobierno

engaño, el asesinato, e *incluso la traición* fueran aceptables porque fueron crímenes cometidos bajo las órdenes de los miembros más poderosos de la sociedad. No se parecía en nada a la "justicia, la libertad y la democracia" que había aprendido en el colegio. Y a medida que fui escarbando más, todo fue peor... mucho peor.

En 1998, Daniele Ganser estaba buscando un tema de investigación para su doctorado, y, en contra del consejo de sus amigos y profesores, decidió abocarse a la gigantesca tarea de desentrañar la "Operación Gladio". A partir de un único documento que probaba que la CIA y la OTAN *crearon* un ejército terrorista secreto en Italia, se embarcó en una investigación de cuatro años que destapó *quince* ejércitos secretos en los países de la OTAN y cuatro más creados en los países *neutrales*.

Hay muchas mentiras trilladas sobre la naturaleza de nuestros "líderes" y de lo que son capaces. La mentira más obvia (para quienes están prestando atención) es que ellos respetan la soberanía nacional, la democracia, y "la voluntad del pueblo". *Nada* podría estar más lejos de la verdad, y la Operación Gladio ofrece un excelente ejemplo de ello. Gladio también pone de relieve dos argumentos clave, que he propuesto en este libro, que son:

1. La Red ha dominado el arte de llevar a cabo su proyecto de destrucción-soberanía mientras mantiene la ilusión de la democracia, y
2. Sus miembros operan por encima de las leyes morales y legislativas que se espera que los demás respeten.

---

por conspirar para llevar a cabo operaciones falsas de terrorismo, es curioso que fuera nombrado "comandante supremo aliado" de la OTAN. Siendo apenas un descenso de categoría, su nuevo puesto le brindó la oportunidad de "luchar contra los comunistas" exactamente de la manera que quería. (Para mayores detalles, revise el capítulo 8 de *Operation Gladio*).

Para desarrollar correctamente estos puntos, primero tenemos que expandirnos sobre algunas de las obras de la Red antes de que pusiera en práctica Gladio después de la Segunda Guerra Mundial. Desafortunadamente, debido a que hay mucho camino por recorrer, Gladio va a tener que esperar hasta el capítulo 8.

Primera Guerra Mundial, la Liga de las Naciones, y las Trampas de la Deuda

Al manipular la elección de 1912, la Red puso a Woodrow Wilson en el poder y obtuvo el control efectivo de la "maquinaria diplomática" de los Estados Unidos. Si, tal como informó Katherine Casey, el objetivo final era conducir a los Estados Unidos a una guerra que pudiera alterar "la vida de todo un pueblo," la Red iba camino por el camino correcto. Todo lo que necesitaba ahora era la guerra propiamente dicha, y quiso la suerte que Europa ya fuera un polvorín preparado y listo para explotar. Henry Kissinger explica el clima político que precedió a la Primera Guerra Mundial de esta manera:

> Lo sorprendente de la Primera Guerra Mundial es… que tomó mucho tiempo para iniciar… Los hombres de estado de todos los principales países habían ayudado a construir [un] mecanismo diplomático apocalíptico.[192]
>
> La mezcla profana de alianzas políticas y estrategias militares de gatillo garantizó un gran derramamiento de sangre… La política exterior… ahora consistía en una única tirada de dados. Habría sido difícil imaginar un enfoque más <u>sin sentido</u> y tecnocrático a la guerra.[193]

---

[192] Henry Kissinger, *Diplomacy*, página 201
[193] *Diplomacy*, página 206

En junio de 1914, la llamada Mano Negra[194] intervino en Europa y puso en marcha el "mecanismo apocalíptico" con el asesinato de Franz Ferdinand. El "gran derramamiento de sangre" siguió poco después y, entonces, la Red tuvo su guerra. Ahora, era solo una cuestión de alargar la guerra el tiempo suficiente para que su marioneta cuidadosamente seleccionada (Woodrow Wilson) vendiera "su" plan de inspiración divina para la intervención de Estados Unidos y un nuevo orden mundial.

Con la carnicería de la Primera Guerra Mundial como telón de fondo y con el padre de la propaganda, Edward Bernays, a su lado[195], Wilson comenzó a buscar el apoyo a la Liga de las Naciones sobre la que había estado escribiendo desde 1887.[196] Según "su" plan, el mundo sería conducido a una nueva y pacífica era en la que todas las naciones, grandes y pequeñas, estarían protegidas de toda agresión injusta y de toda violación a su soberanía. Promocionando los "principios americanos", Wilson declara en mayo de 1916:

> Creemos en estas cosas fundamentales: En primer lugar, que cada pueblo tiene el derecho a elegir su nación soberana... En segundo lugar, que los pequeños estados del mundo tienen el derecho de disfrutar del mismo respeto a su soberanía y su integridad territorial que las naciones grandes y poderosas desean y apoyan. Y, en tercer lugar,

---

[194] La Mano Negra era una sociedad secreta, establecida en el año 1900 http://en.wikipedia.org/wiki/Black_Hand_(Serbia)

[195] Bernays, quien trabajó en la administración de Woodrow Wilson durante la Primera Guerra Mundial, promovió la idea de que los esfuerzos de guerra de los Estados Unidos se dirigían principalmente a "llevar la democracia a toda Europa.'" http://en.wikipedia.org/wiki/Edward_Bernays

[196] "El mismo Wilson había escrito acerca de la federación mundial en 1887... había pensado en" una amplia unión de los gobiernos unida con los gobiernos en pos de un propósito común. "'" Como se cita en *To End All Wars*, página 12

que el mundo tiene derecho a estar libre de todo aquello que tenga su origen en la agresión y el desconocimiento de los derechos de los pueblos y las naciones y perturbe su paz.[197]

Esta retórica idealista, aunada a la indignación por un reciente ataque "sorpresa" al "barco de pasajeros" *Lusitania*[198], le permitió a la Red empujar a los Estados Unidos a entrar al conflicto europeo. Tal como lo hizo con el Sistema de la Reserva Federal y el impuesto sobre la renta, hábilmente, la Red manipuló la opinión pública para que vencer el fuerte sentimiento antibélico de la nación. La Primera Guerra Mundial, se le aseguró a la gente, era la guerra que acabaría con todas las guerras. "Haría el mundo seguro para la democracia" y conduciría a la humanidad a una nueva era de respeto de los derechos del hombre. Era el deber de todo ciudadano de los Estados Unidos amante de la libertad apoyarla, porque ningún ser humano moral podría oponerse a tales fines.

Por supuesto, por si la "zanahoria" utópica no fuera suficiente, la Red también tenía un "palo" escondido que usó con gran efecto. Una semana después de que un torpedo alemán hundiera el *Lusitania*, matando a casi todos los estadounidenses a bordo, el profesor Knock nos informa:

Los estadounidenses apenas habían podido digerir este ataque [cuando] el gobierno británico publicó un informe oficial sobre las atrocidades alemanas,

---

[197] Woodrow Wilson, discurso pronunciado en la Primera Reunión Anual de la Liga para el Mantenimiento de la Paz, 27 de mayo de 1916.http://www.presidency.ucsb.edu/ws/?pid=65391

[198] Violando los tratados internacionales de neutralidad, el *Lusitania* estaba siendo utilizado para transportar material de guerra, mientras se hacía pasar como un barco de pasajeros. (Los pasajeros nunca fueron informados de este hecho). Vamos a cubrir con mayor detalle el caso del Lusitania en el capítulo final. Para más información, véase también: http://joeplummer.com/the_lusitania.html

que llevaba el nombre del vizconde... James Bryce, el estimado ex embajador en los Estados Unidos. [Bryce era un miembro de lo que Quigley menciona como la segunda generación del "Bloque Cecil"[199] De la Red] El crescendo de una campaña de propaganda sistemática para vencer la neutralidad americana, este documento presentaba una lista, con el detalle más escabroso, de unos 1.200 presuntos actos de barbarie y crueldad cometidos por los soldados alemanes, sobre todo contra los belgas, incluyendo la crucifixión y decapitación de prisioneros de guerra, la violación en grupo y la mutilación sexual de las mujeres, la amputación de los dedos de los niños como recuerdos, y el asesinato de lactantes con bayoneta. Aunque gran parte resultó ser ficticio... Alemania nunca se recuperaría completamente de la repulsión que se extendió por los Estados Unidos.[200]

Esta campaña de propaganda del "palo y la zanahoria" produjo el resultado deseado. Eventualmente, los Estados Unidos entraron a la guerra, y se usó una abominación constitucional conocida como la Ley de Espionaje para silenciar a los escépticos y disidentes. (Al parecer, hacer el mundo "seguro para la democracia" significaba satanizar y encarcelar a los ciudadanos que expresaron su oposición. La oposición interrumpió la campaña para unirse a la "conformidad patriótica"[201], por lo que no se le podía

---

[199] *The Anglo-American Establishment*, páginas 30–31
[200] To End all Wars, página 60
[201] En la página 133 de *To End all Wars*, Knock desarrolla algunos de los aspectos más "ridículos" de la "campaña por la conformidad patriótica" del gobierno. Por ejemplo, se cambió el nombre del sarampión alemán por el de "sarampión de la libertad," el chucrut pasó a denominarse "Col de la Libertad", y los pastores alemanes pasaron a llamarse "perros policía". Esto se intensificó hasta llegar a la prohibición de Brahms y Beethoven de las salas de conciertos, la extracción de la literatura alemana de algunas escuelas y bibliotecas públicas, e incluso algunos (como hombres como Theodore Roosevelt) exigieron prohibir la enseñanza del idioma alemán.

tolerar). Sin embargo, los escépticos y los disidentes fueron inevitablemente reivindicados. Al final de la guerra, la realidad de la política de poder mostró su lado oscuro. Quigley nos explica:

> Los pueblos de las naciones victoriosas se habían tomado en serio su propaganda de guerra sobre los derechos de las naciones pequeñas, el hacer del mundo seguro para la democracia, y poner fin tanto a la política del poder como a la diplomacia secreta. Estos ideales se materializaron en los catorce puntos de Woodrow Wilson... se les había prometido a las potencias derrotadas... que se negociarían los acuerdos de paz basándose en los catorce puntos. Cuando se hizo evidente que **los acuerdos serían impuestos y no negociados... que se habían alcanzado los acuerdos a través de negociaciones secretas de las que habían sido excluidas las pequeñas naciones y en las que la política del poder había jugado un papel mucho más grande que el de la seguridad de la democracia,** se extendió un sentimiento de repudio en contra de los tratados.[202]

Si bien los "pueblos de las naciones victoriosas" podían haberse sentido traicionados, los miembros de la Red tenían muchas razones para celebrar. Hasta este momento, habían alcanzado casi todos sus objetivos: desde el golpe Wilson en 1912 al Sistema de la Reserva Federal y el impuesto sobre la renta; desde conducir a los Estados Unidos a la guerra, a crear una Liga de Naciones que, en última instancia, iban a controlar. Sin embargo, fue en este último punto, la Liga de las Naciones, donde la Red se quedó corta.

---

[202] *Tragedy and Hope*, página 268

Cuando Wilson se vio obligado a admitir que los Estados Unidos tendría que ceder parte de su soberanía para que la Liga funcionara, se creó una oposición en el Senado de los Estados Unidos[203]. En un intento de vencer esta oposición, en julio de 1919 pronunció otro de sus discursos mesiánicos. La Liga de las Naciones, Wilson declaró, era:

> El instrumento indispensable para la preservación del nuevo orden... ¿Nos atreveremos a rechazarlo y romper el corazón del mundo?... El escenario está listo, el destino es por todos conocido. No somos los artífices de este plan, sino es producto de la mano de Dios que nos condujo por este camino. No podemos volvernos hacia atrás. Sólo podemos ir hacia adelante, con los ojos levantados y el espíritu rejuvenecido, para seguir nuestra visión. Esto es lo que habíamos soñado al nacer. América será en verdad quien muestre el camino. La luz cae sobre el camino a seguir, y en ningún otro lugar.[204]

Pero toda esta retórica idealista o las apelaciones a la emoción de la gente no fueron suficientes. Era claro que la Liga socavaría soberanía de los Estados Unidos, y Wilson no pudo reunir el apoyo suficiente en el Senado para vencer esta oposición. En noviembre de 1919, después de varios meses de debate, el Senado de los Estados Unidos dio un voto *negativo*.[205] Sin embargo, esto no quiere decir que los esfuerzos de la Red hubieran sido en vano. Se había hecho una gran cantidad de dinero durante la guerra, se habían destruido imperios rivales, el poder se había consolidado, y docenas de naciones se habían *unido* a la Liga. Simplemente, la Red tenía más trabajo que hacer dentro de los Estados

---

[203] *To End All Wars*, páginas 232, 233
[204] *To End All Wars*, páginas 251, 252
[205] http://www.senate.gov/reference/reference_item/Versailles.htm

Unidos, y "más trabajo" fue lo que hizo. Además de aumentar su control sobre el gobierno mediante el *Inquiry*, el CFR, y otros instrumentos relacionados, comenzó a aumentar su control financiero con su nueva arma monetaria, el Sistema de la Reserva Federal.

Robando Oro y Creando Deuda

Después de la Primera Guerra Mundial, la Reserva Federal comenzó a inflar artificialmente la oferta de dólares de los Estados Unidos. Quigley nos informa que se hizo, en gran parte, para permitir el retiro de oro de los Estados Unidos (para beneficio de Gran Bretaña) sin provocar una reducción correspondiente en la cantidad de dólares en circulación. [206]El dinero recién impreso por la Fed desembocó en el mercado de valores, infló la burbuja de los años veinte, e inevitablemente condujo a la caída de la bolsa de 1929 y la devastación económica de la Gran Depresión. (Esto también contribuyó a "alterar la vida de todo un pueblo").

Para agravar aún más la situación económica, Gran Bretaña abandonó por completo el patrón oro en 1931, y previsiblemente esto aceleró el agotamiento del oro de los Estados Unidos. (Las naciones que ya no podían cambiar sus recibos de papel por oro en el Reino Unido se dirigieron a los Estados Unidos). Dado que los EE.UU. era "el único país con patrón oro y con monedas de oro en circulación," el oro salió a raudales del país. Además, los ciudadanos estadounidenses que estaban preocupados también comenzaron a canjear grandes cantidades de *sus* dólares por oro, y "el sistema bancario de los Estados Unidos comenzó a derrumbarse".[207]

---

[206] *Tragedy and Hope*, página 342
[207] *Tragedy and Hope*, páginas 349, 350

Esta presión sobre el sistema bancario continuó hasta 1933, cuando la Red convenció al presidente Roosevelt (FDR) para que confiscara el oro de los ciudadanos de los Estados Unidos y se lo entregara a la Reserva Federal.[208] Al hacer ilegal que los ciudadanos de los Estados Unidos pudieran canjear sus dólares por oro, la Reserva Federal (en colaboración con los responsables políticos dentro del gobierno federal) ahora podría imprimir cantidades cada vez más grandes de dinero deuda y aumentar así su propio poder. (Como se explicó en el capítulo 4, un gobierno fuertemente endeudado es mucho más fácil de controlar que uno que es financieramente sólido). Incluso Quigley admite que no era necesario hacer ilegal el oro en los Estados Unidos. Afirma que se hizo "con el fin de aplicar una política de inflación de precios... y no por la situación financiera internacional de los Estados Unidos".[209] (Es también digno de mención que Mandell House, más de veinte años después de haber asesorado a Woodrow Wilson, también era asesor de FDR).

Si la Red *siempre* trata de hacer caer en la trampa de la deuda a las naciones (lo hace), entonces, revisar el crecimiento de la deuda federal estadounidense debe ser instructivo (y lo es). En los veinte años *anteriores* a la elección de Wilson, la deuda del gobierno federal aumentó sólo $ 1,3 mil millones. En los veinte años *posteriores* a la elección de Wilson, la deuda del gobierno federal aumentó en casi $ 20 mil millones.[210] (Este enorme aumento de la deuda se produjo *a pesar* de estar recibiendo ingresos adicionales por el impuesto sobre la renta de 1913). Pero incluso este aumento de $ 20 mil millones sólo fue una gota en el mar; avance en el tiempo hasta justo después de la presidencia de FDR, y la deuda federal había aumentado a más de $ 240 mil millones. Y en 2012, se había incrementado a más de 16 billones de dólares.

[208] http://en.wikipedia.org/wiki/Executive_Order_6102
[209] *Tragedy and Hope*, página 350
[210] http://www.usgovernmentdebt.us

Esta información sobre la deuda del gobierno es de vital importancia, ya que juega un papel importante en la destrucción de la soberanía nacional planeada por la Red. La guerra financiera es *esencial*, y la receta básica para conquistar económicamente una nación puede resumirse en dos simples pasos:

1. Crear déficit en los ingresos del gobierno. (Ya sea aumentando la cantidad de dinero que un gobierno gasta, disminuyendo la cantidad de dinero que un gobierno recauda, o ambas cosas).
2. Crear préstamos de la nada para "ayudar" a los "líderes" a cubrir sus déficits de gasto sin corregir el desequilibrio financiero subyacente.

Dado que los pagos de la deuda creciente crean déficits cada vez mayores, y que el gasto anual sigue aumentando sin cesar, se torna necesario contraer préstamos mayores, y con mayor frecuencia, para cerrar la brecha. Esto acelera la velocidad con la que crece la deuda nacional y, en poco tiempo, incluso las naciones poderosas serán completamente dependientes de un flujo constante de nuevos fondos tomados en préstamo para cubrir sus gastos.

Una vez que una nación ha sido atrapada de este modo, la Red puede simplemente ajustar la espiga financiera de acuerdo con el nivel de satisfacción de sus deseos. Si un gobierno quiere mantener los servicios vitales, el orden social, y en última instancia, su propio poder, tiene hacer lo que quiere la Red (independientemente de la voluntad del pueblo). Si el gobierno se niega, se cortará el flujo de dinero y no se restablecerá hasta que líderes "más aceptables" asuman el control. Y como vamos a ver en el siguiente capítulo, "aceptable" no tiene nada que ver con la forma en que los nuevos líderes tratan a los ciudadanos que viven bajo su mandato.

CAPÍTULO 7

Hundir a la Liga-
Elevar a los fascistas

"Sin la participación de los EE.UU., no puede lograrse
el Nuevo Orden Mundial, porque es la pieza más
importante... habrá un Nuevo Orden Mundial, que forzará
a los Estados Unidos a cambiar su modo de ver".
—Henry Kissinger[211]

Aproximadamente en la misma época en que se hizo
evidente que los Estados Unidos no se unirían a la Liga de
las Naciones, la Red comenzó a debilitar a la organización.
Esto parece haber dejado a Quigley perplejo, sobre todo
porque la Red estaba socavando ciertas cláusulas dentro
de la Liga que, aunque eran duras, estaban orientadas
a contener los grupos peligrosos que todavía tenían el
poder en la Alemania posterior a la Primera Guerra
Mundial. En la página 232 de *The Anglo-American
Establishment*, él escribe:

> Philip Kerr estaba... en el centro mismo del
> Grupo Milner. Por su violenta germanofobia...
> y su evidente familiaridad con el carácter de los
> alemanes... el Tratado de Versalles *tendría* que

---

[211] http://en.wikipedia.org/wiki/New_world_order_(politics)

haberle resultado algo muy aceptable, tanto a él como a sus compañeros, o si no, inaceptable porque era excesivamente *indulgente*. En cambio, Kerr... y todo el núcleo interno del Grupo Milner comenzó una campaña para debilitar el tratado, la Liga de las Naciones, y todo el acuerdo de paz... El Grupo Milner... comenzó su programa de apaciguamiento y de revisión del acuerdo ya en 1919. ¿Por qué hicieron esto?

Quigley responde a su propia pregunta con una argumentación que él admite tiene "mucho de conjetura". En primer lugar, sostiene que los hombres bien intencionados de la Red simplemente habían confundido la naturaleza verdadera (y la identidad real) de quienes siguieron gobernando Alemania después de su derrota en 1918. *Si tan solo hubieran conocido* estos hechos, no se habría perseguido la fallida política de apaciguamiento, y "no habría sido necesaria una Segunda Guerra Mundial". En defensa de Quigley, él menciona que:

> El Grupo Milner no vio... porque no quería ver.
> El Grupo Milner sabía que [los verdaderos poderes en Alemania] estaban cooperando con los reaccionarios para suprimir todos los elementos democráticos e ilustrados en Alemania y para apoyar las fuerzas del despotismo.[212]

Luego, Quigley pasa a describir una serie de acciones engañosas tomadas por el Grupo (con las que *aparentaban* apoyar posiciones a las que, en realidad, se oponían, y *aparentaban* oponerse a posiciones que, en realidad, apoyaban), y el lector se puede quedar pensando en cómo

---

[212] *The Anglo-American Establishment*, páginas 234 y 235

alguien podría llegar a descifrar lo que el Grupo estaba pensando realmente o estaba tratando de alcanzar. Por ejemplo, él afirma que el "experto económico" del Grupo Milner decidió que la mejor manera de *ayudar a Alemania* para que pudiera convertirse en un miembro respetable de la civilización occidental, fue que los Estados Unidos comenzara a prestarle dinero.[213] Pero si el grupo *sabía* que se estaba fortaleciendo a las "fuerzas del despotismo", y si se supone de que no querían fortalecer esas fuerzas, ¿por qué empezarían a otorgarle "concesiones a los alemanes sin intentar purgar Alemania de sus elementos más viles, y sin tener ningún tipo de garantía de que esas concesiones no serían utilizadas en contra de todo lo que el Grupo consideraba importante"?[214]

Se podría sostener con razón de que los préstamos que se ofrecían para ayudar a Alemania eran simplemente parte de una subrepticia estrategia de guerra financiera. En las páginas 308 y 309 de *Tragedy and Hope*, Quigley describe un préstamo de $ 800 millones a Alemania, conocido como el Plan Dawes, de esta manera:

> El Plan Dawes, que era en gran parte obra de JP Morgan, fue elaborado por un comité internacional de expertos financieros... Alemania pagó indemnizaciones durante cinco años bajo el Plan Dawes (1924-1929) y debía más al final de lo que debía al inicio... es importante notar que este sistema fue creado por los banqueros internacionales, y que el subsiguiente préstamo de dinero de otras personas a Alemania fue rentable para estos banqueros... con estos préstamos norteamericanos, Alemania fue capaz de

---

[213] *The Anglo-American Establishment*, página 235
[214] *The Anglo-American Establishment*, página 238

reconstruir su sistema industrial que se convirtió, por un amplio margen, en el segundo mejor del mundo… Lo único cuestionable del sistema era (a) que se vendría abajo tan pronto como los Estados Unidos dejara de prestar dinero, y (b) mientras tanto las deudas simplemente se pasaban de una cuenta a otra y nadie podía ser solvente… No se arregló nada con todo esto, pero los banqueros internacionales se sentían en el cielo, bajo una lluvia de honorarios y comisiones.

Esto suena a una trampa de deuda bastante común y corriente; los banqueros se enriquecen mientras la nación en cuestión queda enterrada en deuda imprescriptible. Sin embargo, esta nación en particular estaba usando el dinero prestado para reconstruir su capacidad militar para la guerra. Con el respaldo de un sistema industrial que ocupaba, "por un amplio margen," el segundo lugar en el mundo, es bastante inverosímil la idea de que (una vez que fueran lo suficientemente fuertes militarmente como para *confiscar* los nuevos recursos) los "elementos perversos" de Alemania se limitarían a aceptar que se les cortara su financiación. La Red fue lo suficientemente inteligente para saber que sus acciones estaban creando una fuerza militar potencialmente peligrosa en Europa, una que no podría contenerse fácilmente solo con sanciones económicas. Por lo tanto, ¿esto significa que quería que Alemania, con todo y sus elementos perversos, se fortaleciera de nuevo? En una palabra, sí. Eventualmente, Quigley acepta esta conclusión y luego ofrece una explicación de por qué la Red decidió debilitar la Liga de las Naciones.

Después de que los Estados Unidos se negara a unirse a la Liga, los miembros del Grupo Milner llegaron a la conclusión de que su mejor opción en Europa era revivir Alemania y usarla como un arma contra Francia y Rusia.

Pero antes de que se pudiera implementar esta estrategia de equilibrio del poder, se tenía que destruir a la Liga de las Naciones. (Como hemos dicho, la Liga no sólo interferiría con la capacidad de Alemania para rearmarse, también podría interferir con la posibilidad de que Alemania violara la soberanía de las naciones vecinas).

> Durante el período de 1920-1938, el objetivo del Grupo Milner no cambió: mantener el equilibrio de poder en Europa fortaleciendo a Alemania en contra de Francia y Rusia; aumentar el peso de Gran Bretaña en ese equilibrio... rechazar todo compromiso (especialmente compromisos de la Liga de las Naciones, y sobre todo todos los compromisos para ayudar a Francia)... empujar a Alemania hacia el este contra Rusia si una o las dos potencias se convertían en una amenaza para la paz de Europa occidental.
>
> De 1921 en adelante, el Grupo Milner y el Gobierno Británico... hicieron todo lo posible para aligerar la carga de las indemnizaciones que debía pagar Alemania y para evitar que Francia usara la fuerza para cobrar las indemnizaciones.[215]

Recordemos que Francia solamente había podido sobrevivir a la agresión alemana durante la Primera Guerra Mundial porque Gran Bretaña, Estados Unidos, Rusia, e Italia habían ido en su ayuda. Mientras la política secreta de la Red de remilitarizar Alemania comenzó a tomar forma, los franceses se sentían cada vez más alarmados. Quigley escribe que Francia "buscó en vano una alternativa tras otra" para garantizar su seguridad y contener a Alemania, pero "todos estos esfuerzos fueron bloqueados por las

---

[215] *The Anglo-American Establishment*, páginas 240, 241

maquinaciones del Grupo Milner".[216] Cuando, a instancias
de la Red, Gran Bretaña bloqueó el Protocolo de Ginebra
de 1924, se desató la indignación en todo el mundo. Como
era de esperar, la Red simplemente uso la indignación para
su propio beneficio.

> Tuvo lugar un estallido de la opinión pública en
> contra de la acción egoísta y a sangre fría... Como
> resultado de este sentimiento, que estaba muy
> extendido por todo el mundo, el Grupo decidió darle
> al mundo la *apariencia* de una garantía a Francia.
> Esto se hizo en los Pactos de Locarno... En realidad,
> los acuerdos no le dieron nada a Francia mientras
> que le dieron a Gran Bretaña el derecho de veto para
> que Francia honrara sus alianzas... si Alemania se
> desplazaba hacia el este contra Checoslovaquia [o]
> Polonia... y si Francia atacaba la frontera occidental
> de Alemania en apoyo de Checoslovaquia o Polonia,
> como sus alianzas lo obligaban, por los Pactos de
> Locarno, Gran Bretaña, Bélgica e Italia podrían
> verse obligados a acudir en ayuda de Alemania.[217]

Esta, por supuesto, no sería la última vez que la Red
traicionaba la opinión pública mundial y la confianza pública
en aras de su desastrosa agenda europea. Quigley utiliza
el término "política doble" para describir otros engaños
que se usaron en el período previo a la Segunda Guerra
Mundial. ("La política doble" se puede resumir como *fingir*
respetar públicamente la "voluntad del pueblo", mientras se
aplican políticas antitéticas tras bastidores). Estos engaños
deliberados no sólo fortalecieron a hombres como Adolf
Hitler en Alemania, también fortalecieron al régimen

---

[216] *The Anglo-American Establishment*, página 261
[217] *The Anglo-American Establishment*, página 264

fascista de Mussolini en Italia y de Francisco Franco en España.

Benito Mussolini

Según Quigley, "uno de los ejemplos más sorprendentes de la 'política doble" británica durante el período de apaciguamiento" tuvo lugar cuando el Reino Unido permitió a Mussolini conquistar y dominar Etiopía. En ese momento, el pueblo británico aun creía que la Liga de las Naciones había sido *creada* para proteger la soberanía de las naciones más débiles. En este sentido, un sondeo a 11,5 millones de ciudadanos británicos mostró que más de 11 millones sentían que debía protegerse a Etiopía de la agresión italiana con la Liga, 10 millones apoyaban la aplicación de sanciones económicas contra Italia, y más de 6,5 millones apoyaban sanciones militares si es que era necesario.[218]

Con anterioridad a este sondeo, el partido que estaba en el poder en Gran Bretaña había expresado su indiferencia respecto al destino de Etiopía. *Después* del sondeo, cambió completamente su discurso. De repente, la "seguridad colectiva" y la Liga de las Naciones tenían capital importancia en la política exterior británica, y nuevos candidatos salieron a la luz pública para sumarse a la "ola de apoyo público a la seguridad colectiva".[219] El primer ministro y el secretario de Asuntos Exteriores fueron sustituidos para "hacer creer a la gente que se revertiría el programa de apaciguamiento del pasado,"[220] y Quigley proporciona un ejemplo de cómo el nuevo secretario de Asuntos Exteriores (Samuel Hoare) cumplió con su parte en el engaño.

---

[218] *Tragedy and Hope*, páginas 573, 574
[219] *Tragedy and Hope*, página 574
[220] *Tragedy and Hope*, página 492

En septiembre, Hoare dio un vigoroso discurso
en Ginebra en el que prometió el apoyo de Gran
Bretaña a la seguridad colectiva para detener la
agresión italiana contra Etiopía. El público no sabía
que él había pasado por París en viaje a Ginebra para
concretar un acuerdo secreto por el cual se le daba a
Italia dos terceras partes de Etiopía.[221]

Mientras públicamente apoyaba la seguridad
colectiva y las sanciones contra la agresión italiana,
en privado, el gobierno negociaba destruir la Liga y
dar Etiopía a Italia. Esta política secreta fue todo un
éxito... De esta manera, le dieron su herida mortal
a la Liga de las Naciones, al sistema de seguridad
colectiva, y a la estabilidad política de Europa
central.[222]

Las consecuencias del fracaso de Etiopía fueron
de gran importancia. Mussolini se vio más fortalecido
en Italia [y, como resultado de las engañosas
promesas electorales de "seguridad colectiva"] El
partido conservador en Inglaterra se afianzó en el
poder durante una década, durante la cual llevó
a cabo su política de apaciguamiento y libraron la
guerra resultante.[223]

Quigley no dice mucho acerca de cómo Mussolini fue
ayudado inicialmente para acceder a su posición en el
poder. Un comentario al pasar en la página 242 de *Tragedy
and Hope* se limita a establecer que Mussolini recibió
fondos de los gobiernos de la Entente durante la Primera
Guerra Mundial, y esta financiación, eventualmente, allanó
el camino para su "carrera sin principios que finalmente lo
convirtió en el dictador de Italia". Sin embargo, Quigley le

---

[221] *Tragedy and Hope*, páginas 492, 493
[222] *Tragedy and Hope*, página 574
[223] *Tragedy and Hope*, página 576

dedica una buena cantidad de tiempo a describir el ascenso del general Francisco Franco en España.

Francisco Franco

Si desea leer una sección corta de *Tragedy and Hope* que cubre casi todos los aspectos inmundos del poder político (corrupción generalizada, negligencia total, acuerdos secretos, la explotación de la población, el abominable desperdicio militar que beneficia a unos pocos, los asesinatos, derrocamientos del gobierno representativo, etc.), entonces lea las páginas 586 a 604. En esas páginas, Quigley abarca todo, desde la Guerra Española-Americana de 1898 a la dictadura de Franco que se adueñó de España en 1939. Si bien está lejos de ser edificante, es sin duda una interesante sección del libro.

Aquí, sólo vamos a cubrir la revolución de Franco y su ascenso al poder. Sobre este tema, Quigley habla en primer lugar de un acuerdo entre Mussolini y "los conspiradores" que buscaban derrocar al gobierno español. Afirma que Mussolini "le prometió armas, dinero y apoyo diplomático al movimiento revolucionario y les dio a los conspiradores un primer pago de 1.500.000 de pesetas, 10.000 fusiles, 10.000 granadas y 200 ametralladoras".[224] Por lo tanto, en este punto, se comenzaron a extender las consecuencias del apaciguamiento de Mussolini llevada a cabo por Gran Bretaña. (Al *apaciguar* al régimen fascista de Mussolini, éste tuvo rienda suelta para fortalecer a otro régimen fascista en la vecina España).

Cuando el gobierno español descubrió que el general Francisco Franco estaba conspirando para tomar el control del país, trató de desbaratar el complot y trasladó a Franco a las Islas Canarias. Pero esto no fue más que un revés

---

[224] *Tragedy and Hope*, página 594

pasajero. Un "conocido editor" en Inglaterra pudo sacar a Franco del exilio, introducirlo en Marruecos, e incluso le suministró otras cincuenta ametralladoras y medio millón de cartuchos de munición para realizar el golpe. Después de llegar a Marruecos, Franco solicitó y también recibió ayuda de Hitler y, para principios de agosto de 1936, la revolución fascista estaba en marcha.[225] Pero el gobierno español demostró ser muy resistente.

A pesar de recibir ayuda de Italia, Alemania, e incluso Portugal, el golpe inicial de Franco fue sólo un éxito parcial. El secretario de Asuntos Exteriores alemán lo hizo notar cuando, a finales del mes de agosto, escribió: "No es de esperar que el Gobierno de Franco pueda resistir mucho tiempo... sin recibir apoyo a gran escala desde el exterior".[226] Parecía que el gobierno español pronto derrotaría a Franco y los rebeldes. Pero eso fue *antes* de que Gran Bretaña y Francia entraran en la ecuación con un llamado acuerdo de "no intervención".

Como está escrito, el acuerdo de no intervención debería haber ayudado al gobierno español, ya que le prohibía a Italia, Alemania y Portugal proporcionarle más asistencia a Franco y los rebeldes. Además, el acuerdo hacía *parecer* como si Gran Bretaña estuviera tratando de cumplir la voluntad de sus ciudadanos. (Por alrededor de 8 a 1, el pueblo británico apoyaba al gobierno español y se oponía a los rebeldes que buscaban derrocarlo). La realidad, por supuesto, era bastante diferente. Quigley escribe que Gran Bretaña no aplicó el acuerdo de no intervención de una manera ni "justa ni neutral," y que Gran Bretaña incurrió "en violaciones a gran escala del derecho internacional" (en beneficio de Franco y los rebeldes), durante el curso de la Guerra Civil Española. Él añade:

---

[225] *Tragedy and Hope*, página 597
[226] *Tragedy and Hope*, página 598

El acuerdo de no intervención, tal como se aplicó, no era ni una ayuda para la paz ni un ejemplo de neutralidad, sino que, claramente, se impuso como una forma de proporcionarle ayuda a los rebeldes y colocar todos los obstáculos posibles al gobierno [español] para suprimir la rebelión.

Dado que no podía admitirse públicamente esta actitud del gobierno británico, se hizo todo lo posible para mostrar que las acciones del Comité de no intervención eran de una neutralidad imparcial. De hecho, se utilizaron las actividades de este comité para **dar gato por liebre al mundo entero**, y especialmente a la opinión pública británica.

La actitud británica era tan retorcida que era difícil desenredarla, aunque los resultados son muy claros. El principal resultado fue que, en España, un gobierno de izquierda amigo de Francia fue sustituido por un gobierno de derecha hostil a Francia y profundamente comprometido con Italia y Alemania.

Cuando terminó la guerra, gran parte de España quedó destrozada, al menos 450.000 españoles habían muerto... y se había impuesto una impopular dictadura militar en España como consecuencia de las acciones de la acción de fuerzas no españolas.[227]

Franco "se convirtió en el dictador que llevó más tiempo en el cargo en la historia europea". Durante su reinado, asesinó a decenas de miles de sus oponentes políticos, oprimió violentamente las voces discrepantes, y derogó las libertades civiles. En el poder desde 1939 hasta su muerte en 1975, el funeral de Franco contó con la participación no sólo de los dictadores apoyados por la Red, sino también de

---

[227] *Tragedy and Hope*, in order: páginas 603, 602, y 604

la realeza de la Red como el vicepresidente de los EE.UU., Nelson Rockefeller.[228]

Adolf Hitler

Aunque se ha escrito mucho sobre Adolf Hitler, es muy improbable que pueda encontrar alguna mención a la Red o su papel en el ascenso de la Alemania nazi. Apenas uno puede imaginar el tremendo sufrimiento humano de la Segunda Guerra Mundial, y mucho menos ponerlo en palabras, y no intentaremos hacerlo aquí. Más bien, simplemente voy a dar algunos detalles finales sobre las tácticas y políticas (adoptadas por un puñado de hombres) que hicieron del régimen nazi y la Segunda Guerra Mundial una realidad.

Después de facilitar, con éxito, la remilitarización de Alemania, la Red siguió adelante con su plan. Ese *plan* incluía la liquidación de Austria, Checoslovaquia y Polonia. Sin embargo, para asegurarse el éxito, se necesitaba quitar otro obstáculo al poder alemán: se debía expulsar a Francia de la Renania alemana occidental para que las tropas alemanas pudieran volver a ocupar la zona. Sobre esto, Quigley escribe:

> Sería una historia demasiado complicada contar aquí los métodos por los cuales Francia fue persuadida a ceder... Es suficiente señalar que Francia fue persuadida a retirar sus tropas [de la región de Renania] en 1930 en lugar de 1935 como resultado de lo que creyó eran concesiones que se le estaban otorgando.[229]

---

[228] http://en.wikipedia.org/wiki/Francisco_Franco
[229] *The Anglo-American Establishment*, página 266

Aquí Quigley explica la importancia de contar con una Renania desmilitarizada. Una vez que Alemania fortificara esta área (en violación del Tratado de Versalles), podría moverse hacia el este, hacia los países "que debían ser eliminados" sin temor a un ataque francés en la frontera occidental de Alemania.[230]

> La Renania y una zona de cincuenta kilómetros de ancho... debían estar permanentemente desmilitarizadas, y cualquier violación a esto podría ser considerado como un acto hostil por parte de los firmantes del tratado. Esto significaba que **las tropas o fortificaciones alemanas fueron excluidas de esta zona para siempre. Fue la cláusula más importante del Tratado de Versalles**. En tanto siguiera vigente... se expuso la columna vertebral económica de la capacidad de Alemania para librar la guerra a un rápido empujón militar de los franceses desde el oeste, y Alemania no podría amenazar a Francia o moverse hacia el este contra Checoslovaquia o Polonia si Francia se oponía.[231]

Sin duda, cuando salieron de la zona, los franceses entendieron el peligro estratégico de tener una Renania ocupada por los alemanes, pero creyeron falsamente que los Pactos de Locarno impedirían que Alemania moviera sus tropas de regreso. Según Quigley, esto no era más que otro de los engaños de la Red. Los Pactos de Locarno fueron elaborados intencionadamente con lagunas para permitirle a Gran Bretaña "evadir la obligación de ser garante...". Quigley agrega:

---

[230] *The Anglo-American Establishment,* página 272
[231] *Tragedy and Hope,* páginas 277, 278

De hecho, cuando Hitler violó los acuerdos de Locarno al militarizar la Renania en marzo del 1936, el Grupo Milner y sus amigos ni siquiera trataron de evadir su obligación usando tecnicismos... simplemente no respetaron su acuerdo.[232]

Con la Alemania de Hitler de regreso con éxito a la región de Renania, y con la escena lista para su conquista de Austria, Checoslovaquia y Polonia, la Red comenzó a hacerse cargo del último obstáculo que se interponía en su camino: la opinión pública. Claramente, el gobierno británico no podía admitir su decisión de ponerles tres naciones soberanas a los nazis en bandeja de plata, así que, para mantener la protesta pública al mínimo, comenzó a manipular y aterrorizar a los ciudadanos para que aceptaran las acciones de Hitler.

La tarea principal del Grupo Milner fue ver que este proceso devorador no avanzara más rápido de lo que la opinión pública en Gran Bretaña podía aceptar, [y también] para ablandar a las víctimas potenciales para que no se resistieran al proceso y así precipitar la guerra.[233]

[El gobierno británico creó el miedo] exagerando constantemente el poder armado de Alemania y subestimando el propio, con indiscreciones calculadas (como la declaración... de que no había verdaderas defensas antiaéreas en Londres), insistiendo constantemente sobre el peligro de un abrumador ataque aéreo sin previo aviso, con la construcción de ostentosas y bastante inútiles trincheras antiaéreas en las calles y parques de

---

[232] *The Anglo-American Establishment*, página 265
[233] *The Anglo-American Establishment*, página 273

Londres, y con advertencias diarias de que todo el mundo debía tener a su alcance una máscara de gas (aunque el peligro de un ataque con gas fue nulo). De esta manera, el gobierno puso a Londres en pánico.[234]

Como se ha señalado, esta táctica de incitación al pánico (que se fue acumulando gradualmente desde 1935 hasta 1939), se utilizó también en las "posibles víctimas" de la agresión nazi. Gran Bretaña aplicó una intensa presión política sobre los países que se esperaba que cedieran su soberanía a Hitler, poniendo especial énfasis en la fuerza militar de Alemania y haciendo declaraciones contundentes de que se dejarían desamparadas a las víctimas si se resistían a los planes de Hitler. Se los llevó a creer que la resistencia era algo inútil. Se les aseguró que Gran Bretaña *no intervendría* para defenderlos.

Siguiendo esta fórmula, Austria fue el primer país en caer sin luchar. Después de su anexión, "quienes se habían opuesto a los nazis fueron asesinados o esclavizados, los judíos fueron saqueados y maltratados, y se le rindieron honores extravagantes a los gánsteres nazis que, durante años, habían estado inquietando a Austria".[235] Al parecer, todo esto contaba con el visto bueno de la Red porque, de inmediato, comenzó a trabajar en el próximo objetivo: Checoslovaquia.

Dos semanas después de que Hitler anexara Austria, Gran Bretaña hizo su juego. Se decidió presionar a los checos a ceder ante los alemanes... Todo esto se justificaba afirmando que Checoslovaquia,

---

[234] *Tragedy and Hope*, página 584, con detalles adicionales sobre la propaganda en la página 622

[235] *Tragedy and Hope*, página 625

en una guerra con Alemania, sería destruida inmediatamente.[236]

De la página 625 a la 639 de *Tragedy and Hope*, usted descubrirá, paso a paso, el verdaderamente vergonzoso proceso que finalmente destruyó a Checoslovaquia. Usando una combinación de "presión despiadada y secreta," amenazas, y engaño, la Red finalmente desgastó a la oposición y logró su objetivo. Aunque la historia es demasiado larga para poder resumirla adecuadamente aquí, baste con decir: una de las naciones posteriores a la Primera Guerra Mundial más "democráticas, prósperas y mejor administradas" *también* se rindió a los nazis sin luchar, y las predecibles consecuencias siguieron poco después.

> Los refugiados antinazis... fueron detenidos por el gobierno de Praga, el cual los entregó a los alemanes para que los eliminaran... Alemania dominaba en Europa central, y no había ninguna posibilidad de recortar ese poder, ya fuera con una política conjunta de las potencias occidentales con la Unión Soviética e Italia o con una resistencia abiertamente antialemana en Europa central. Puesto que esto es exactamente lo que Chamberlain [el primer ministro británico] y sus amigos habían querido, deberían haber estado satisfechos.[237]

Satisfechos o no, la cuestión de liquidar a Polonia se mantuvo en la lista de cosas por hacer, y es aquí donde la capacidad de la Red para manipular la opinión pública empezó a perder terreno. Después de que Hitler anexara Checoslovaquia y la región de Memel de Lituania, los

---

[236] *Tragedy and Hope*, página 627
[237] *Tragedy and Hope*, páginas 638, 639

ciudadanos mostraron su franca hostilidad a continuar con el apaciguamiento de los nazis. Las acciones de Hitler les habían abierto los ojos "al hecho de que el apaciguamiento no era más que una especie de suicidio lento, y no podría satisfacer el apetito de los agresores quienes eran insaciables".

Esto pudo haber sido toda una revelación para el ciudadano medio, pero "la verdadera ambición de Hitler era algo bastante claro para la mayoría de los hombres en el gobierno" mucho antes de sus descaradas acciones en Checoslovaquia, y "le había resultado evidente durante la crisis". Sin embargo, continuaron el apaciguamiento y el otorgamiento de concesiones a Hitler, sólo que ahora se hacían en secreto.[238] No hay ningún misterio en cómo termina esta historia trágica.

Hitler se tornó cada vez más beligerante e impaciente, e insistía en su derecho para usar la fuerza para lograr sus deseos. Según Quigley, ésta es la única razón por la que la Red finalmente se volvió contra él. (Parece que no tenía ningún problema con que Hitler asesinara y oprimiera a la gente sin piedad, lo había hecho desde el primer día del golpe de estado alemán en su 1933. Su principal problema, suponiendo que Quigley está en lo correcto, fue que Hitler se negó a ser más *diplomático* en la forma cómo conseguía el control de las naciones soberanas que quería oprimir).

Bajo la sombra de la Liga de las Naciones y la opinión pública mundial, las evidentes violaciones nazis a la soberanía nacional ejercieron mayor presión sobre los títeres occidentales de la Red. El violento ataque de Hitler a Polonia en 1939 finalmente forzó la mano de la Red.[239] Así inició una "marea de agresión" y "un salvajismo a sangre fría," que duró seis años, a una escala nunca vista antes. Las

---

[238] *Tragedy and Hope*, páginas 641, 642
[239] Este punto de vista está basado en la narrativa de Quigley. Es igualmente posible que la Red hubiera planeado, desde el principio, instigar otra conflagración mundial para garantizar el logro de sus objetivos más grandes.

muertes civiles superaron con creces las de los combatientes, y muchas personas de ambas partes "fueron asesinadas sin ninguna justificación militar". Por ejemplo, en 1939 la Batalla de Polonia, 3,9 millones de *civiles* polacos "fueron ejecutados o asesinados en el ghetto".[240] El número total de civiles muertos durante la guerra (en todas las naciones) ha estado continuamente aumentando desde la versión inicial de *Tragedy and Hope*. De acuerdo con Wikipedia:

> Los civiles muertos ascendieron de 38 a 55 millones, incluyendo los 13 a 20 millones de víctimas de enfermedades por la guerra y el hambre. El total de muertos militares: de 22 a 25 millones, incluyendo las muertes en cautividad de cerca de 5 millones de prisioneros de guerra.[241]

Si aceptamos las dos estimaciones más bajas anteriormente citadas, se llega a unos sesenta millones de muertos. Para poner esta enorme cifra en perspectiva, si se hubiera eliminado a sesenta millones de personas en los Estados Unidos, se habría acabado con casi la mitad de la población de los Estados Unidos de 1940. Este terrible número de muertos se vuelve aún más preocupante cuando nos damos cuenta de que los máximos responsables de orquestar la Segunda Guerra Mundial probablemente tuvieron *cero* bajas.

Y, una vez más, la misma Red que alimentó y facilitó un desastre global se benefició generosamente. No sólo financieramente con los miles de millones *ganados* y las montañas de deuda añadida a los balances del gobierno, pero también políticamente. Es decir, cuando la Red no pudo asegurar la participación de los Estados Unidos en la

---

[240] *Tragedy and Hope*, página 661
[241] http://en.wikipedia.org/wiki/World_War_II_casualties

Liga de las Naciones después de la Primera Guerra Mundial, sí logró asegurar la participación de los Estados Unidos en su segundo programa de gobierno global (las Naciones Unidas), tras la Segunda Guerra Mundial. En esencia, esto eliminó el problema del "aislamiento" de EE.UU. Con la vía libre, desde ese entonces, los Estados Unidos han hecho el trabajo pesado en el proyecto de la Red de destrucción de la soberanía.

Del *Gobierno* Global a la *Gobernabilidad* Global

Quigley afirma que el primer plan de gobierno global de la Red (la Liga de las Naciones) no había sido *para nada* concebido como un instrumento de "seguridad colectiva" o para recortar la soberanía de una manera significativa. Sería negligente de mi parte no referirme a esta ingenua aseveración. Aunque Quigley fundamente su afirmación en las afirmaciones de hombres de la Red, nuevamente, no logra sopesar la inclinación de la Red para engañar. Si leemos entre líneas, emerge un argumento mucho más creíble. A continuación, voy a resumirlo brevemente.

Si los Estados Unidos *hubiera aceptado* unirse a la Liga de las Naciones después de la Primera Guerra Mundial, de buena gana, la Red habría comenzado a utilizar la fuerza militar, los recursos financieros, y el buen nombre de los Estados Unidos para perseguir sus objetivos globales. Se habrían invocado "los compromisos" según el acuerdo de *seguridad colectiva* de la Liga cuando hubiera sido conveniente, e ignorado cuando hubiera sido inconveniente. Contrariamente a la afirmación de Quigley, no era que la Red no deseara una "Liga de coacción"; sino que, para funcionar, tal liga *requería* de la participación de los Estados Unidos. Para poder fundamentar esta afirmación, considere lo siguiente:

1. La mayoría de las declaraciones de la Red que *se oponían* a "la seguridad colectiva" ocurrió después de que fue evidente de que los Estados Unidos no se uniría a la Liga y, por lo tanto, no participaría en su ejecución. Es entonces cuando la Red comenzó a debilitar seriamente a la Liga; cuando decidió emprender su política llamada de "apaciguamiento". En otras palabras: la Red no podía exigirles a los británicos que protegieran la soberanía de las naciones que había permitido que Hitler, Mussolini y los rebeldes españoles violaran. Si lo hubiera hecho, sólo habría puesto al poder británico *en contra* de los propios objetivos de la Red.

2. La Red estuvo presente en cada paso del camino durante la elaboración del borrador de la Liga de las Naciones. Estuvo presente en cada paso del camino durante la campaña de propaganda en todo el mundo que apoyaba a la Liga de las Naciones. Tuvo todas las oportunidades para hablar en contra del lenguaje objetable o de "los compromisos" en aras de la seguridad colectiva. Pero, nuevamente, no se opusieron significativamente hasta después de que los Estados Unidos se negara a unirse. ¿Por qué? Bueno, en una cita se afirma que el fracaso de contar con la participación de los Estados Unidos representó "un problema muy grave para el Imperio Británico", ya que, al unirse a la Liga sin la participación de los Estados Unidos, Gran Bretaña había "asumido grandes compromisos" que ahora tenía que reconsiderar "honestamente y considerando su propio interés".[242] En otra cita, se afirma que cuando los Estados Unidos rechazó a la Liga "se quitó la piedra angular de toda posibilidad de una Liga de Coerción".[243]

---

[242] *The Anglo-American Establishment*, página 254
[243] *The Anglo-American Establishment*, página 271

3. Hay algunas declaraciones específicas de la Red en contra de la idea de la Liga como "gobierno mundial", pero incluso estas declaraciones están limitadas con calificativos como "podría ser un gobierno mundial" *si* se le diese el poder para gravar con impuestos y si "representara" a los ciudadanos en lugar de a los estados.[244] (Es difícil pasar por alto la ironía de este sentimiento que viene de hombres que se propusieron destruir el régimen de "la representación", en favor de regímenes fascistas). En otra cita, se limita a establecer que el Grupo Milner trató de "impedir que las personas influyentes usaran la Liga como instrumento del gobierno mundial, *antes de que* la opinión popular estuviera lista para tal gobierno".[245]

4. El mismo Quigley admite que "se introdujeron ciertas frases o implicaciones… que podrían considerarse para señalar que la Liga pudo haber sido concebida como un instrumento verdadero para la seguridad colectiva, que pudo incluir una mínima restricción de la soberanía, que, en determinadas circunstancias, se podrían aplicar sanciones para proteger la paz.[246] Inclusive, hace referencia a una cita que dice explícitamente que sería *necesario* "interferir con la soberanía nacional", incluso usar "la coacción internacional" si una nación se negara a cooperar con la Liga durante su período de noventa días de disputa,[247] pero él rechaza esto para aceptar, lo que creo que era, una propaganda dirigida a los hombres de estado escépticos. (En concreto, la propaganda dirigida a los hombres de estado escépticos *de los Estados Unidos*).

---

[244] *The Anglo-American Establishment*, página 252
[245] *The Anglo-American Establishment*, página 259
[246] *The Anglo-American Establishment*, páginas 248, 249
[247] he Anglo-American Establishment, página 251

Ahora, sin duda, este es un punto irrelevante. La Liga de las Naciones fue reemplazada por las Naciones Unidas después de la Segunda Guerra Mundial, y no hay absolutamente ninguna duda de cómo se han usado las Naciones Unidas y sus organismos relacionados (como el FMI y el Banco Mundial) para violar la soberanía nacional. Pero incluso *este* hecho es cada vez menos relevante, porque la Red está buscando reemplazar a la ONU con algo aún más poderoso.

Citando un programa de CFR 2008, titulado "Las instituciones internacionales y la gobernabilidad mundial del orden mundial en el siglo 21":[248]

> El Consejo de Relaciones Exteriores (CFR) ha puesto en marcha un amplio programa de cinco años sobre instituciones internacionales y gobernabilidad global. El propósito de esta iniciativa intersectorial es explorar los requerimientos institucionales para el orden mundial en el siglo XXI. La iniciativa reconoce que la arquitectura de la gobernabilidad mundial -que en gran medida refleja el mundo tal como existía en 1945-, no ha seguido el ritmo de los cambios fundamentales en el sistema internacional.

Un resumen de doce páginas del proyecto establece que "el programa se basa en los recursos del Programa de Estudios de David Rockefeller del CFR" y su objetivo es ofrecer "recomendaciones" a los políticos estadounidenses acerca de cómo mejorar el rendimiento de los "mecanismos de gobernabilidad mundial".

Para que los Estados Unidos pueda asumir el papel que le corresponde en el orden mundial emergente, el

---

[248] http://www.cfr.org/content/thinktank/CFR_Global%20_Governance_%20Program. pdf

documento señala ciertos temas que deben tratarse. Temas como el respeto de los Estados Unidos a las "tradiciones constitucionales", "las prerrogativas soberanas", y "la separación de poderes... lo que le da al Congreso una voz crítica en la ratificación de los tratados y el respaldo de las instituciones globales" todo ello complica la capacidad de los Estados Unidos para asumir sus "nuevos compromisos internacionales". Sí, usted leyó bien. La Constitución, la separación de poderes, la voz del Congreso en la ratificación de los tratados, y, por supuesto, la propia soberanía son parte de la lista de *problemas* que deben resolverse.

Seguramente, los pretextos ofrecidos para eludir las limitaciones constitucionales y abrazar el proyecto de "la gobernabilidad global" dirigido por la Red les hará hervir la sangre a los expertos en el estudio de las formas cínicas de la Red. Éstos son sólo algunos:

1. "La gestión de la economía mundial" (un pretexto para la consolidación y el control del sistema monetario mundial)
2. El recientemente rebautizado "cambio climático" (un pretexto para la financiación del gobierno global de la Red y para centralizar el control sobre lo que toda nación necesita para sobrevivir: *energía*)
3. "La prevención y respuesta a un conflicto violento" (el "conflicto violento" es a menudo *provocado* por la propia Red y luego se usa como pretexto para la intervenir e interferir en la soberanía nacional)

Sin embargo, el pretexto que más le salta a la mayoría, el que, de hecho, se burla de la inteligencia del lector, es la "lucha contra al-Qaeda y sus organizaciones afiliadas".

Durante décadas, la Red ha financiado, entrenado y armado a terroristas para perseguir sus objetivos globales. Se puede verificar fácilmente este *hecho* investigando cualquier número de acontecimientos históricos. Ya se trate de la Operación Ajax en 1953, o la Operación Ciclón en 1979, o Bosnia y Kosovo en la década de 1990, o Libia y Siria en 2011 y 2013, respectivamente... en cada caso los *terroristas* han hallado ayuda y refugio en occidente.

Por supuesto, nada de esto se menciona los documentos oficiales del CFR. Sin embargo, se admite que el ascenso de las organizaciones terroristas transnacionales ha "obligado a los Estados Unidos y sus aliados a ceder algo de la soberanía nacional [y] conciliar tradiciones constitucionales y jurídicas distintas". Es algo muy conveniente.

En los capítulos finales, vamos a profundizar un poco más en los actos de terrorismo patrocinados por la Red, que a menudo se conocen como operaciones de "falsa bandera". Tenga en cuenta lo siguiente: si bien estos actos son dirigidos por instituciones gubernamentales occidentales, a la gran mayoría de los militares, líderes políticos y a la población civil no se le dice la verdad sobre lo que "su gobierno" está haciendo.

CAPÍTULO 8

Hombres Falsos y Manipuladores

En el capítulo anterior, revisamos una de las formas más fraudulentas en que los líderes pueden manipular al público: implementar una *política doble* (es decir, la política de *simular* públicamente que se respeta la voluntad del pueblo, y al mismo tiempo hacer todo lo contrario). No importa cómo se le mire, la política doble constituye una flagrante traición a los principios democráticos y a la confianza depositada por el pueblo. También revela la naturaleza sumamente deshonesta de la clase dominante. Sin embargo, la política doble *no es* la forma más eficaz ni la más inmoral de manipular al pueblo. Por eso, necesitamos revisar las operaciones de bandera falsa.

Generalmente, el término "bandera falsa" describe un acto mortal o inmoral planeado y llevado a cabo por un grupo, que *se hace aparecer* como si hubiera sido planeado y llevado a cabo por otro. La Operación Himmler orquestada por Adolf Hitler es un buen ejemplo. Consistió en una serie de operaciones de bandera falsa, diseñadas para hacer creer que Polonia había agredido a Alemania. Una de las formas en que los nazis lo lograron fue tomando prisioneros de los campos de concentración, vistiéndolos con uniformes alemanes, y luego matándolos en la frontera polaca.[249] Estos

---

[249] *Tragedy and Hope*, página 657

179

"alemanes muertos" fueron utilizados posteriormente por Hitler como una justificación para atacar Polonia en 1939.

Si bien la bandera falsa es comúnmente utilizada como pretexto para la guerra, también puede ser utilizada por los líderes como una manera de justificar el silenciamiento de los disidentes, la suspensión de las libertades civiles, y obtener más poder. Una vez más, podemos encontrar un ejemplo en Adolf Hitler. Antes de las elecciones alemanas del 5 de marzo de 1933, el Partido Nazi había hecho todo lo posible para debilitar y trastocar a los partidos políticos de oposición, pero, a pesar de sus mejores esfuerzos, parecía que los nazis tendrían que enfrentar una dura competencia en las urnas. Aquí, Quigley describe cómo resolvieron este problema:

> En circunstancias que siguen siendo misteriosas, se elaboró un complot para quemar el edificio del Reichstag y culpar a los comunistas... Después de que el edificio fue incendiado... el gobierno detuvo a cuatro comunistas de una vez, incluido el líder del partido en el Reichstag. Al día siguiente del incendio, [Hindenburg, el presidente de Alemania] firmó un decreto suspendiendo todas las libertades civiles y le otorgó el derecho al gobierno para invadir la privacidad personal, incluyendo el derecho de registrar casas particulares o confiscar la propiedad. De una sola vez, todos los miembros comunistas del Reichstag, así como otros miles, fueron detenidos... La verdadera historia del incendio del Reichstag se mantuvo en secreto no sin problemas. Varias personas que sabían la verdad... fueron asesinadas en marzo y abril para evitar que circularan la historia verdadera. La mayoría de los nazis que estaban en el

complot fueron asesinados por Goering durante la "purga de sangre" del 30 de junio de 1934.[250]

Tanto la Operación Himmler como el complot para quemar el Reichstag nos brindan claros ejemplos de operaciones de bandera falsa, sin embargo, existen otras variantes. Por ejemplo, a veces el acto de agresión y las posteriores bajas son completamente inventados. Si recuerdan del capítulo 6, la Operación Northwoods ofrecía este tipo de bandera falsa como una opción posible. La propuesta consistió en un plan elaborado con un avión teledirigido por control remoto y transmisiones falsas de cabina para hacer parecer como si Cuba hubiera derribado un avión civil de los Estados Unidos lleno de estudiantes en vacaciones. (Después de ser difundido ampliamente en los medios de comunicación, este acontecimiento falso podría haber sido utilizado como pretexto para declararle la guerra a Cuba). Northwoods también propuso otras variantes comunes de bandera falsa como provocar al enemigo y luego *permitirles* atacar con éxito (conocido como una bandera falsa de "retirada") y también *crear un enemigo*, como un grupo terrorista, y luego usar los posteriores "ataques terroristas" como pretexto para hacer la guerra.

Aunque la Operación Northwoods fue aprobada por el oficial de más alto rango en las fuerzas armadas de los Estados Unidos (el presidente del Estado Mayor Conjunto de los Estados Unidos, Lyman Lemnitzer) y aunque llegó hasta el escritorio del presidente Kennedy para alcanzar su aprobación final, algunos insisten en que sólo era una aberración que solo ocurriría una única vez, que no tenía ninguna posibilidad de hacerse efectiva. Quienes afirman esto no han estudiado seriamente las iniciativas dirigidas por la Red. No obstante, vale la pena revisar

---

[250] *Tragedy and Hope*, páginas 437, 438

el argumento principal que ofrecen para defender su posición, el cual es que Lemnitzer supuestamente perdió su trabajo por suscribir el plan. (Sospecho que usted o yo nos enfrentaríamos a algo un poco más grave que perder el empleo si conspirábamos para posibilitar ataques terroristas contra objetivos estadounidenses, pero estoy divagando).

Es cierto que, después de refrendar Northwoods, no se le renovó a Lemnitzer su mandato como presidente del Estado Mayor Conjunto de los Estados Unidos, pero no permaneció desempleado durante mucho tiempo. Más bien, pronto fue nombrado comandante supremo aliado de la OTAN, y la OTAN es la organización que, junto con la CIA, creó y dirigió la Operación Gladio. En otras palabras, el nuevo puesto de Lemnitzer le proporcionó el entorno perfecto, fuera de la ley, para orquestar golpes de estado violentos, practicar el terrorismo de bandera falsa, y llevar a cabo asesinatos, todo lo cual le sirvió para impulsar la política oficial de la Red. Él no fue *castigado*; fue ascendido.

Operación Gladio

> "Había que atacar a la población civil, las personas, mujeres, niños, personas inocentes, personas desconocidas muy alejadas del juego político. La razón era muy simple... obligar a estas personas... a pedirle al Estado una mayor seguridad. Esta es la lógica política que está detrás de todas las matanzas y los bombardeos que permanecen impunes, todo porque el Estado no puede condenarse a sí mismo o declararse responsable de lo sucedido".—Vincenzo Vinciguerra, terrorista ligado a Gladio[251]

---

[251] Daniele Ganser, *NATO's Secret Armies*, página 7

Si la Operación Gladio hubiera sido concebida y dirigida por los nazis, la mayoría de las personas no tendrían dificultad en creerse cada uno de los detalles más escabrosos. ¿Por qué? Porque la mayoría de la gente acepta que los nazis eran criminales psicóticos que participaron en un sinnúmero de violaciones de los derechos humanos y que no tenían ningún respeto por la libertad o la "democracia". Conocer más de sus crímenes no afecta en absoluto la visión del mundo que tiene una persona promedio... ni mucho menos. Entraría en efecto el sesgo de confirmación[252], y el individuo experimentaría los beneficios psicológicos de ver confirmada su visión del mundo.

¿Pero qué sucede cuando, en lugar de los nazis, es el Gobierno de los Estados Unidos el acusado de un sinnúmero de violaciones de los derechos humanos? ¿Qué pasa cuando el presunto *guardián* de la libertad y la democracia es acusado de utilizar el terrorismo y el asesinato para burlarlos? Ahora, el sesgo de confirmación comienza a trabajar a la inversa. Las profundas creencias del individuo sobre la moralidad de los Estados Unidos resultan cuestionadas. No hay ninguna recompensa psicológica por siquiera contemplar estas acusaciones, y mucho menos aceptarlas. Al sentir amenazada su visión del mundo, muchos rechazarán de inmediato las acusaciones por considerarlas ridículas. Con rabia, van a defender el buen nombre de América, y cubrirán de odio al acusador y lo condenarán.

La Red lo sabe. Innumerables estudios universitarios (junto con las operaciones secretas como MK Ultra) les han proporcionado a sus expertos una comprensión de la psicología humana, que supera todo lo que podemos llegar a imaginar. Son maestros manipulando la opinión pública bien intencionada para evitar que escudriñen sus

---

[252] "El sesgo de confirmación" se refiere a la tendencia de las personas a aceptar la información que apoya lo que ya creen, sobre todo si su creencia está profundamente arraigada y tiene una carga emocional.

crímenes. Pero hay una clave que nos permite entender esta manipulación en particular; su éxito depende casi enteramente en cómo *se plantea* la acusación. (En este caso, cuanto más generalizada sea la acusación, tanto mejor será para la Red).

En otras palabras, realmente *es* ridículo acusar al gobierno de los Estados Unidos de facilitar los ataques terroristas cuando el 99,9 por ciento de los empleados del gobierno no tenía idea de lo que estaba pasando y no tenía ninguna voz en la cuestión. Es ridículo acusar a "América" de apoyar a dictadores despiadados y buscar *destruir* la libertad en todo el mundo cuando nunca se le pidió al pueblo estadounidense su opinión sobre esa *política* en particular.

Aunque se lo mencionó en los anteriores capítulos, antes de continuar, necesitamos aclarar más este punto: el empleado promedio del gobierno, el ciudadano estadounidense promedio, y la nación en su conjunto no tienen nada que ver con operaciones como Gladio. Estas operaciones son creadas y dirigidas por la Red, y la Red está compuesta por criminales, en todo el sentido de la palabra. Estos criminales no respetan a "América" o la forma de gobierno estadounidense. Muy por el contrario, la desprecian. Si se les permitiera, destruirían la Constitución de los Estados Unidos y la Declaración de Derechos, porque los ideales consagrados en estos documentos no son más que una limitación a su poder. *No representan* ni a los Estados Unidos ni a su gente.[253]

Desafortunadamente, a estas alturas no importa si *las personas* están de acuerdo con las políticas de la Red o no.

---

[253] No estoy sugiriendo de que estemos exentos de culpa, ya que es *nuestro trabajo* vigilar y controlar las acciones de nuestro gobierno. Lo que estoy diciendo es que hay que asegurarse de que la culpa por los crímenes de la Red esté exactamente dónde debe estar. De lo contrario, la Red puede incitar una respuesta emocional entre el público (apelando al patriotismo) lo que sirva a sus propios intereses.

Bajo el sistema actual, la opinión pública es hábilmente manipulada o completamente ignorada. Este es el núcleo de nuestro problema, y, a partir de la lectura del libro de Daniel Ganser sobre la Operación Gladio, esto nos lleva a una pregunta inquietante:

> Si la democracia es un sistema de reglas y procedimientos que definen los parámetros dentro de los cuales la acción política puede tener lugar, ¿qué sucede cuando junto a este sistema hay otro [sistema] cuyas reglas son misteriosas, sus procedimientos desconocidos, su poder inmenso y, con un muro de secretos, es capaz de protegerse de las instituciones formales de la democracia?[254]

Esa es una pregunta muy fácil de responder. En el sistema *oculto* reside el poder verdadero. El sistema visible sólo está allí para mantener la ilusión de un gobierno legítimo y para ocultar la mano de quienes lo controlan. Así que ahora vamos a revelar esa mano.

En cooperación con los servicios de inteligencia británicos (MI6), la CIA creó a Gladio, bajo el pretexto de contener la amenaza comunista. (Incluso este pretexto aparentemente válido era un engaño, porque la Red había sido decisiva en *la creación y el mantenimiento* de la amenaza comunista durante todo este tiempo,[255] con consecuencias

---

[254] *NATO's Secret Armies*, páginas 74, 75

[255] Desde el rol de IPR en China Comunista a la revolución bolchevique y el surgimiento de la Unión Soviética, la Red "capitalista" les proporcionó asistencia indispensable incluida ayuda financiera y tecnología militar a sus llamados "enemigos" en el Este. El Profesor Antony Sutton fue autor de muchos libros que documentan el papel de la Red en el ascenso del comunismo (http://en.wikipedia.org/wiki/Antony_C._Sutton). Después de décadas de investigación, finalmente llamó a los comunistas "el mejor enemigo que el dinero puede comprar" y tenía razón. Sin la amenaza del comunismo, no habría habido ninguna justificación para la expansión sin precedentes de los gastos militares y la aceptación sin precedentes del intervencionismo extranjero. (Hoy en día, el terrorismo ha reemplazado al comunismo como el nuevo pretexto de la Red).

aún más letales que el proyecto de empoderamiento de Hitler). La red de ejércitos secretos de Gladio formó parte de una "guerra poco ortodoxa" bajo el mando de la OTAN. Durante la Guerra Fría, operaron no sólo en los dieciséis países de la OTAN sino también en países neutrales como Suecia, Finlandia, Austria y Suiza. La existencia de estos ejércitos se mantuvo oculta de todos con excepción de un puñado de funcionarios del gobierno dentro de cada país. Ganser escribe:

> La CIA y el MI6 equipaba a los ejércitos secretos con ametralladoras, explosivos, municiones y equipo de comunicación de alta tecnología... Oficiales superiores de la red secreta se entrenaban con las Boinas Verdes de los E.U.A.... y las fuerzas especiales británicas SAS... Los ejércitos secretos, tal como las fuentes secundarias disponibles ahora lo sugieren, estaban involucrados en una serie de operaciones terroristas y de violaciones de los derechos humanos que fueron erróneamente atribuidas a los comunistas con el fin de desacreditar a la izquierda en las urnas. Las operaciones siempre buscaban sembrar el miedo entre la población e iban de matanzas con bombas en los trenes y plazas (Italia), el uso de la tortura sistemática de los opositores al régimen (Turquía), el apoyo a la derecha en los golpes de Estado (Grecia y Turquía), a la destrucción de los grupos de oposición (Portugal y España).[256]

A pesar de que estos ejércitos secretos habían sido creados para proteger las democracias de Europa Occidental de la invasión soviética, en cambio se usaron para interferir con el proceso democrático cada vez que el electorado amenazaba

---

[256] *NATO's Secret Armies*, páginas 1, 2

con votar en contra de los deseos de la Red. Esta doble política (so pretexto de proteger la soberanía nacional y la democracia, cuando, al mismo tiempo, trabajaban para socavarla) al parecer fue esbozada en un documento secreto de la OTAN que data de 1949. El documento indicaba que antes de que una nación pudiera unirse a la OTAN, tenía que mantenerse alineada con el "Oeste" *independientemente* de lo que quisiera el electorado de la nación.[257] Otro documento altamente secreto de la OTAN iba aún más allá. Si los ciudadanos dentro de una nación estaban tan hartos de su liderazgo marioneta de la OTAN que se levantaban en su contra, el ejército de Estados Unidos podría intervenir y sofocar el levantamiento, incluso si eso significaba actuar *sin* el consentimiento del propio gobierno nacional.[258]

Hay muchas cosas muy inquietantes sobre la Operación Gladio, pero quizás la más preocupante sea que la CIA y la OTAN lograron mantenerla en secreto durante tanto tiempo. A pesar de una larga lista de asesinatos y atrocidades cometidos por los ejércitos, y por regímenes despiadados que los ejércitos apoyaban, tanto la operación como sus arquitectos permanecieron ocultos durante más de cuarenta años. No fue hasta 1990 que se divulgó el primer expediente gubernamental, y no por un deseo de decir la verdad, sino porque ya no se lo podía seguir negando.[259] Si no hubiera sido por los esfuerzos de un juez italiano llamado Felice Casson, Gladio nunca habría salido a la luz.

Revelando a Gladio

En 1984 el juez Felice Casson comenzó a indagar en un crimen sin resolver: un atentado con coche-bomba que tuvo lugar cerca de Peteano, Italia, en 1972. Aunque el ataque

---

[257] *NATO's Secret Armies*, páginas 29, 99
[258] *NATO's Secret Armies*, página 185
[259] *NATO's Secret Armies*, página 9

mató a tres policías e hirió gravemente a otro, el gobierno italiano nunca logró encontrar y procesar a los terroristas involucrados. Mientras llevaba a cabo su investigación, Casson descubrió una serie de "errores y mentiras" sospechosos, que habían desviado la investigación original. Una de esas invenciones incluía un informe falsificado deliberadamente sobre el tipo de explosivo utilizado en el ataque. Esta evidencia específica no sólo condujo a Casson al hombre que había colocado la bomba, sino también a *la razón* por la que el terrorista había podido evadir el castigo durante más de una década.

> El juez Casson... descubrió que el informe, que en su momento establecía que el explosivo utilizado en Peteano había sido el utilizado tradicionalmente por las Brigadas Rojas [Comunistas], era falso. Marco Morin, un experto en explosivos de la policía italiana, había proporcionado deliberadamente información falsa. Era miembro de la organización italiana de derecha "Ordine Nuovo" [Nuevo Orden] y, en el contexto de la Guerra Fría, contribuyó en lo que él creía que era una forma legítima de lucha contra la influencia de los comunistas italianos. El juez Casson logró probar que el explosivo utilizado en Peteano, contrariamente a la información brindada por Morin, era C4, el explosivo más potente disponible en el momento, utilizado también por la OTAN.[260]
>
> La investigación de Casson reveló que... Ordine Nuovo había colaborado muy estrechamente con el servicio secreto militar italiano... Juntos **habían diseñado el terror de Peteano** y luego habían culpado falsamente a las Brigadas Rojas [comunistas]. El juez Casson identificó al miembro de Ordine

---

[260] *NATO's Secret Armies*, página 3

Nuovo, Vincenzo Vinciguerra, como el hombre que había colocado la bomba de Peteano... Él confesó y declaró que había sido protegido por toda una red de simpatizantes en Italia y en el extranjero que le habían asegurado que, tras el ataque, podría escapar. "Todo un mecanismo entró en acción", recordó Vinciguerra, "[la policía militar italiana] el Ministro del Interior, los servicios de aduanas y los servicios militares y de inteligencia civil aceptaron las razones ideológicas del ataque".[261]

Gracias a la investigación de Casson, y al exitoso enjuiciamiento de Vinciguerra que le siguió, finalmente, el secreto alrededor de Gladio comenzó a desmoronarse. Ataques impunes que habían aterrorizado a los ciudadanos italianos a lo largo de los años 1970 y 1980 fueron examinados ahora bajo una nueva luz. La masacre de Piazza Fontana de 1969, el ataque de 1974 al "Itálicus Express", la bomba de tren de Bolonia de 1980 que mató a ochenta y cinco personas y mutiló a doscientos: todo ello sirvió para alcanzar los objetivos esbozados por Vincent Vinciguerra durante su testimonio jurado en 1984. Tenga en cuenta que Vinciguerra proporcionó su testimonio seis años *antes* de que el gobierno italiano admitiera que existían ejércitos secretos. En términos inequívocos, describió Gladio, incluyendo su vinculación con los servicios secretos italianos y la OTAN:

Con la matanza de Peteano, y con todas las que siguieron, debe quedar en claro de que existía una estructura muy real, secreta y oculta, con la capacidad para proporcionar una dirección estratégica a las atrocidades... [que] se encuentra dentro del

---

[261] *NATO's Secret Armies*, página 4

mismo estado... En Italia existe una fuerza secreta paralela a las fuerzas armadas, compuesta por civiles y militares, con una vocación antisoviética... Una organización secreta, una súper-organización con una red de comunicaciones, armas y explosivos, y hombres entrenados para usarlos... una súper-organización que... tomó a su cargo la tarea, en nombre de la OTAN, de prevenir un deslizamiento hacia la izquierda en el equilibrio político del país.[262]

En otra declaración Vinciguerra afirmó:

Quienes seguían la línea terrorista eran personas camufladas, personas que pertenecían a los aparatos de seguridad, o que estaban vinculadas al aparato de estado a través de una relación o una colaboración. Yo digo que cada una de las atrocidades que ocurrieron a partir de 1969 encajaba en una sola matriz, organizada... Avanguardia Nazionale, como Ordine Nuovo... se estaban movilizando a la batalla como parte de una estrategia anticomunista **originada no en organizaciones separadas de las instituciones de poder, sino desde dentro del propio estado y, en concreto, desde el ámbito de las relaciones del estado con la [OTAN] Alianza atlántica.**[263]

Aunque Vinciguerra no fue el primero en declarar sobre Gladio bajo juramento (el ex jefe de los servicios secretos italianos había confesado, lleno de resentimiento, diez años antes[264]), su testimonio y la ulterior investigación de Casson

---

[262] http://en.wikipedia.org/wiki/Vincenzo_Vinciguerra
[263] http://en.wikipedia.org/wiki/Vincenzo_Vinciguerra
[264] En 1974, otro juez italiano (Giovanni Tamburino) arrestó al jefe de los servicios secretos italianos (Vito Miceli) bajo el cargo de "promover, constituir y organizar... una asociación secreta de militares y civiles dirigido a [realizar] un cambio ilegal en la constitución del

es lo que finalmente hizo pública la historia. Obligó al primer ministro italiano a retractarse de sus negaciones anteriores y, ante el asombro de los ciudadanos y parlamentarios por igual, admitió públicamente la existencia de Gladio.

Este punto de inflexión reveló la presencia no sólo de los ejércitos secretos de la Red en Italia, sino también de ejércitos secretos en otros diecinueve países. Desde la tortura y el terror en España de Francisco Franco (donde un ex ministro de Defensa admitió que "aquí Gladio era el gobierno"[265]), a los asesinatos y las banderas falsas en Turquía; a los indiscriminados fusilamientos masivos de hombres, mujeres y niños en Bélgica,[266] a la imposición de una dictadura militar en Grecia, la Red violó sin piedad la soberanía de las naciones mientras declaraba defender la libertad, los derechos humanos y la democracia. Para que pueda tener una mejor idea del nivel de hipocresía, considere esta instantánea de lo que ocurrió en Grecia inmediatamente después del "golpe Gladio".

> En tan solo unas cinco horas, más de 10.000 personas fueron detenidas por los escuadrones militares gracias a archivos y una planificación detallados, y fueron llevados a "centros de recepción"... La mayoría de las personas detenida en las primeras horas después del golpe fue trasladada posteriormente a los calabozos de la policía y el ejército. Comunistas, socialistas, artistas, académicos, periodistas, estudiantes, mujeres políticamente activas, sacerdotes, incluyendo

---

estado y la forma de gobierno". Durante el juicio, Miceli confesó que había organizado el ejército secreto, pero respondió con furia que lo hizo bajo la dirección de los Estados Unidos y de la OTAN. Debido a sus poderosos contactos, Miceli fue liberado bajo fianza y, finalmente, sirvió seis meses en un hospital militar italiano. Referencia: *NATO's Secret Armies*, página 8

[265] *NATO's Secret Armies*, página 19

[266] Conocida como la "Masacre Brabant," Ganser la describe en *NATO's Secret Armies* en las páginas 138 a 147

sus amigos y familiares, fueron torturados. Se les arrancaron las uñas de los dedos de los pies y de las manos. Les golpearon los pies con palos hasta que se les desprendió la piel y se les rompieron los huesos... Les empujaron trapos sucios, a menudo empapados en orina, y en ocasiones excrementos por sus gargantas... "Aquí todos somos demócratas"... al jefe de la policía secreta en Atenas le gustaba destacar. "Todo el mundo que viene aquí habla. No vas a estropear nuestro récord". El sádico torturador le dejaba en claro a sus víctimas: "Somos el gobierno, no eres nada... El mundo está dividido en dos partes, los rusos y los americanos. Somos los americanos. Agradece que sólo te hemos torturado un poco. En Rusia, te matarían".[267]

Nota al margen: Ya sería suficientemente grave que la Red limitara su política de emplear terroristas y apuntalar dictadores despiadados a Europa Occidental. Pero eso, por supuesto, sería ridículo. El Sha en Irán, Augusto Pinochet en Chile, la junta militar en Argentina: cada uno de estos regímenes maltrataron a sus ciudadanos torturándolos y asesinándolos; cada uno de estos regímenes fue llevado al poder por la Red. Peor aún, sólo representan algunas de las acciones de "cambio de régimen"[268] que han sido *probadas* y llevadas a cabo por la Red y sus instrumentos en la historia reciente.

---

[267] *NATO's Secret Armies*, páginas 221 y 222
[268] Siria 1949, Irán 1953, Guatemala 1954, Tibet 1955–70s, Indonesia 1958, Cuba 1959, República Democrática del Congo 1960–65, Irak 1960–63, República Dominicana 1961, Vietnam del Sur 1963, Brasil 1964, Ghana 1966, Chile 1970–73, Argentina 1976, Afganistán 1979–89, Turquía 1980, Polonia 1980–81, Nicaragua 1981–90, Camboya 1980–95, Angola 1980s, Filipinas 1986, Irak 1992–96, Afganistán 2001, Venezuela 2002, Iraq 2002–03, Haití 2004, Franja de Gaza 2006–presente, Somalia 2006–07, Irán 2005–presente, Libia 2011, Siria 2012–presente (Ver "Covert US Regime Change Actions" en JoePlummer.com/bonus-material)

Estos actos de agresión contra la soberanía nacional envían un claro mensaje a todo liderazgo que se atreva a desobedecer: si resisten, las *consecuencias para ti y la gente de tu país* podrían ser muy graves. Una vez más el golpe de Gladio en Grecia nos ayuda a comprender mejor. En 1964 (antes del golpe), el embajador griego había rechazado las demandas de la Red de dividir a la nación de la isla de Chipre. Enfurecido, el presidente Lyndon Johnson advirtió: **"Entonces escúcheme, Señor Embajador, a la mierda con su parlamento y su constitución. América es un elefante. Chipre es una pulga. Grecia es una pulga...Si su primer ministro me habla de democracia, parlamento y constitución, él, su parlamento y su constitución puede que no duren mucho tiempo"**.[269] En 1967, después de algunos "desacuerdos" adicionales con la Red, la Gladio griega llevó a cabo la amenaza de Johnson.[270]

A pesar de que la Operación Gladio se reveló hace más de veinte años, la *mayoría* de los funcionarios públicos todavía no están dispuestos a admitir que los ejércitos Gladio facilitaron golpes, llevaron a cabo ataques terroristas o proporcionaron "una dirección estratégica a las atrocidades". Para ser justos, no hay mucho incentivo para que lo hagan. Dado que todavía vivimos en un mundo dominado por la Red, tales declaraciones poco favorecedoras podrían traer una amplia gama de consecuencias -desde una carrera arruinada, a la tortura, a una bala en la cabeza.[271] Sin embargo, eso no quiere decir que todos los funcionarios públicos le hayan

---

[269] *NATO's Secret Armies*, página 219
[270] *NATO's Secret Armies*, páginas 220, 221
[271] En *NATO's Secret Armies*, Ganser enumera una serie de personas que fueron asesinadas porque amenazaban el programa Gladio. Aquí hay un par de ejemplos: Renzo Rocca, quien participó en el "golpe de Estado silencioso" de Gladio en Italia, estuvo de acuerdo en cooperar con los investigadores, pero fue asesinado el día antes de su testimonio (Referencia: páginas 71 y 72 de *NATO's Secret Armies*). El Mayor Cem Ersever escribió un libro bajo un nombre falso en el que habla abiertamente de las banderas falsas y de otros delitos que cometió con la "Contraguerrilla" (el ejército Gladio turco). Poco después de su publicación, fue torturado y le dispararon en la parte posterior de la cabeza (páginas 240 y 241 de referencia de *NATO's Secret Armies* y http://en.wikipedia.org/wiki/Cem_Ersever).

dado la espalda a la evidencia y se hayan mantenido en silencio. Una de las acusaciones más abrumadoras provino en 2000 de una investigación italiana:

> Un informe del Senado del año 2000, declaró que "Esas masacres, esas bombas, esas acciones militares han sido organizadas o promovidas o apoyadas por hombres dentro de las instituciones del Estado italiano y, como se ha descubierto más recientemente, por hombres vinculados a las estructuras de inteligencia de los Estados Unidos". De acuerdo con *The Guardian*, "El informe [estableció] que los agentes de inteligencia de los Estados Unidos fueron informados con antelación de varios atentados terroristas de derecha... pero no hicieron nada para alertar a las autoridades italianas o para prevenir los ataques".[272]

En 1990, el parlamento de la Unión Europea (UE), "en una resolución, condenó fuertemente a la OTAN y a los Estados Unidos por haber manipulado la política europea con los ejércitos estacionados en su territorio".[273] El Parlamento pidió una completa investigación, pero aún no se ha hecho realidad la voluntad política para llevarla a cabo (o tal vez el *poder* político). Lamentablemente, el Parlamento de la UE no es único con esta falta de voluntad. De los veinte países afectados por Gladio, sólo tres (Italia, Suiza y Bélgica) se han tomado la molestia de llevar a cabo una investigación parlamentaria.

Durante la investigación suiza, el Coronel Herbert Alboth (ex comandante de la P-26, el ejército secreto suizo) envió una carta confidencial a un miembro del departamento de

---

[272] http://en.wikipedia.org/wiki/Operation_Gladio
[273] *NATO's Secret Armies*, página 256

defensa declarando que estaba dispuesto a revelar "toda la verdad". Poco después, Alboth fue encontrado muerto apuñalado con su propia bayoneta militar.[274] La investigación continuó, pero culminó en un informe muy censurado que decía, en parte, que el ejército secreto no tenía "legitimidad política ni jurídica", y que trabajó en estrecha colaboración con el servicio secreto británico el cual le proporcionó "formación en combate, comunicaciones, y sabotaje".[275] Esto quedó muy corto de lo que podría haber salido a la luz si no hubiera sido por la muerte de Alboth y su predecible efecto negativo sobre los testigos y los parlamentarios.

La investigación belga brindó aún menos información. Paralizada desde el principio por la falta de voluntad de los testigos para revelar lo que sabían y agravada por la insistencia del gobierno de que la comisión debía sesionar a puertas cerradas (a diferencia de las investigaciones parlamentarias normales), el acceso del público y la prensa a la información fue insignificante. Al final, la consulta "dio lugar a la preparación de una nueva legislación que rige la misión y los métodos del Servicio de Seguridad del Estado belga y del Servicio de Seguridad e Información General Belga".[276] A falta de una mejor palabra, equivalió a una operación de blanqueo.

Quizás Suiza y Bélgica sean "pulgas". Tal vez la UE y todas las otras naciones afectadas por Gladio sean pulgas. Tal vez estos líderes europeos tengan tanto miedo del "elefante" de la Red que no pueden hacer su trabajo. Ah, pero simplemente no podemos culpar a los líderes europeos por su falta de valor. ¿Cuántos líderes de los Estados Unidos han pedido una investigación sobre Gladio? (¿Alguna vez

---

[274] *NATO's Secret Armies*, página 256 y http://en.wikipedia.org/wiki/Projekt-26#Assassination_of_Herbert_Alboth

[275] http://en.wikipedia.org/wiki/Projekt-26#The_Cornu_Report

[276] http://en.wikipedia.org/wiki/Belgian_stay-behind_network

ha escuchado la palabra "Gladio" en los labios de *algún* representante de los Estados Unidos?)

Es probable que menos del 1 por ciento de la población de los Estados Unidos haya oído hablar de la Operación Gladio. Un número incluso menor podría explicar su influencia innegablemente antidemocrática e ilegal en la soberanía. Pero dado que la Red es más fuerte en los Estados Unidos, es de esperar su total desconocimiento y la total falta de cobertura de este tema en los medios. Los medios de comunicación, las escuelas públicas, el gobierno: todos estos instrumentos profesan constantemente la santidad de la justicia, la libertad y la democracia. Si los ciudadanos de los Estados Unidos observaran con mayor detalle lo que sus gobernantes van a hacer para mantener su control en el extranjero, puede ser que empiecen a preguntarse sobre lo que van a hacer para mantener el control en su país. Sólo podrían preguntarse: si estos criminales mienten, engañan, roban, torturan, mutilan y asesinan para controlar a las «pulgas», ¿qué van a hacer para mantener el control de su elefante, su instrumento más preciado y más poderoso?

Nota final: Ya en 1991, el Archivo de Seguridad Nacional de la Universidad George Washington, presentó una solicitud basada en la Ley de Libertad de la Información (FOIA, por sus siglas en inglés) con respecto al papel de la CIA en la Operación Gladio. En 1995, el Senado italiano presentó una solicitud FOIA relativa a la Operación Gladio y el asesinato del primer ministro Aldo Moro. En 1996, Oliver Rathkolb, de la Universidad de Viena, presentó una solicitud FOIA sobre el papel del Gladio en Austria. En 2001 (y años más adelante), Daniel Ganser presentó solicitudes de la FOIA con respecto al papel de la CIA en Gladio. En cada caso, la CIA ha rechazado las peticiones con la respuesta estándar de que "La CIA no puede ni confirmar ni negar la existencia o no existencia de registros que den respuesta a su solicitud".

En el 2006, el Departamento de Estado trató de desestimar[277] la montaña de pruebas presentada por Ganser en *NATO's Secret Armies,* cuestionando la autenticidad de *un* documento muy contundente que presenta en el libro. Ese documento, FM 30-31B, es similar a la Operación Northwoods por su contenido impactante, pero aún peor, porque las operaciones de bandera falsa descritas fueron llevadas a cabo por miembros de los ejércitos secretos. El documento fue revelado por primera vez por un periodista en Turquía diecisiete años *antes* de la admisión pública de Gladio. (Este periodista fue "desaparecido" antes de que pudiera proporcionar detalles adicionales). En 1976, tras la caída de la dictadura de Franco/Gladio en España, se publicaron extractos del documento en la prensa española, y en 1978 también se publicaron extractos en Italia.[278] El gobierno de los Estados Unidos respondió con prontitud, con la ayuda de un "desertor de la KGB," quien declaró que el documento era falso. Sin embargo, "el descubrimiento a principios de 1990 de la Operación Gladio en Europa permitió un renovado debate acerca de si el manual fue o no fraudulento".[279] En 1992, el ex subdirector de la CIA, Ray Cline, confirmó: "Este es un documento auténtico ", y Licio Gelli (que se cree es un actor importante en la Gladio italiana), declaró sin rodeos: "La CIA me lo dio".[280]

---

[277] http://en.wikipedia.org/wiki/Westmoreland_Field_Manual(Press release). United States Department of State. 2006-01-20. Consultado el 2007-06-24. "Se ha citado una falsedad soviética de unos treinta años de antigüedad como una de las piezas centrales de la" evidencia" de la falsa idea de que las redes de Europa Occidental 'stay-behind' se involucraron en el terrorismo, supuestamente a instancias de los Estados Unidos. Esto no es cierto, y los que investigan las redes de 'stay behind' tienen que ser más exigentes al evaluar la fiabilidad de sus fuentes".

[278] *NATO's Secret Armies*, página 297, nota a pie de página 43

[279] http://en.wikipedia.org/wiki/Westmoreland_Field_Manual#Authenticity

[280] http://en.wikipedia.org/wiki/Westmoreland_Field_Manual y *NATO's Secret Armies,* páginas 234 y 235

CAPÍTULO 9

Retomando la Realpolitik

Aunque tratamos brevemente la filosofía de la Realpolitik en el capítulo 1, y aunque todo lo escrito hasta este punto prueba la entrega de la Red a sus principios, nada ilustra mejor la naturaleza fría y calculadora de sus seguidores como la operación de bandera falsa. Su disposición a emplear estos engaños despiadados nos brinda una prueba definitiva de su indiferencia anormal/sociópata a todo tipo de consideraciones éticas.

Los seres humanos normales aceptan la máxima casi universal de que la *moral* es lo que determina si una acción es o no correcta. Por otro lado, quienes practican la realpolitik rechazan, sin ningún tipo de miramientos, esta máxima. En su opinión, solo los resultados permiten medir si algo es correcto o incorrecto. Si tienen éxito en el logro de su objetivo, lo que han hecho es correcto. Si fallan en el logro de su objetivo, lo que han hecho está mal. Se ven a sí mismos como *realistas*, y desestiman a quienes critican la inmoralidad de sus acciones por considerarlos tontos y poco prácticos.

Si se ve obligado, el realista podría ofrecer una justificación moral por sus acciones inmorales[281], pero su

---

[281] Como se ha señalado en el capítulo 1, Kissinger y otros profesionales de la realpolitik afirman que sus acciones no se pueden juzgar como inmorales porque se realizan para el

respuesta no es sincera. El poder y la manipulación los han llevado a la cima del poder y, por lo tanto, no tienen ningún interés en cuestionar su punto de vista. Son sumamente arrogantes. Piensan y se comportan de manera diferente a usted y yo; debemos ser conscientes de ello.

En este último capítulo, espero poder eliminar toda duda sobre la naturaleza de las personas con las que nos enfrentamos.

Carr, Kissinger, FDR, y Churchill

Tal vez usted ha oído la broma "Si usted busca la definición del mal, verá una imagen de (introduzca aquí el nombre) en un lugar destacado en la parte superior de la página". Bueno, no es ninguna broma decir: "Si busca la definición de la *Realpolitik* en Wikipedia, verá a Henry Kissinger y E.H. Carr que figuran como dos prominentes practicantes".[282] Dado que Carr es desconocido para la mayoría, vamos a empezar por él.

E. H. Carr fue un historiador británico muy influyente y miembro de la Red[283] que creía que *su* rol era "elaborar la base de un nuevo orden internacional". Como realista, Carr consideraba que el sistema colectivista/totalitario de control de la Unión Soviética era muy superior al individualismo que se practicaba en Occidente. De hecho, alabó a Karl Marx "por enfatizar la importancia de lo colectivo sobre el individuo".[284]

---

servicio del bien supremo: la preservación del Estado. Pero dado que "el Estado" no es más que aquellos entre ellos mismos que dirigen los recursos y la política del gobierno, sus acciones se realizan para el beneficio de su propio poder y la ambición.

[282] http://en.wikipedia.org/wiki/Realpolitik
[283] The Anglo-American Establishment, página 258
[284] http://en.wikipedia.org/wiki/E._H._Carr

Carr describió el realismo como la aceptación de que lo que existe es lo adecuado... Sostenía que no hay una dimensión moral en el realismo, y que lo que tiene éxito es lo correcto, y lo que no, está mal. [A modo de ejemplo, apoyó la revolución bolchevique sobre la base de los motivos de la Realpolitik.][285]

En su libro de 1942, *Conditions of Peace*, Carr sostuvo que un sistema económico fallido había causado la Segunda Guerra Mundial y que las potencias occidentales necesitaban cambiar fundamentalmente la base económica de sus sociedades, adoptando el socialismo porque era la única manera de evitar otra guerra mundial.

En 1945, durante un ciclo de conferencias titulado *El impacto Soviético en el mundo occidental...* Carr sostuvo que "en todas partes, la tendencia a alejarse del individualismo y acercarse al totalitarismo es inconfundible," que el marxismo era, con mucho, el tipo de totalitarismo más exitoso... y que sólo los "ciegos y los obstinados ignoraban estas tendencias"... Carr afirmó que las políticas sociales soviéticas eran mucho más progresistas que las políticas sociales occidentales, y argumentó que la democracia tenía que ver más con la igualdad social que con los derechos políticos.[286]

En cuanto a las políticas de "más progresistas" y de "igualdad social" bajo el sistema soviético, Quigley nos proporciona algunos detalles:

[Para que el Comunismo pudiera funcionar en Rusia, los bolcheviques creían que se necesitaba

---

[285] http://en.wikipedia.org/wiki/Realpolitik
[286] http://en.wikipedia.org/wiki/E._H._Carr

industrializar el país] a gran velocidad, sin importar las pérdidas y los sufrimientos... Esto significaba que se les debía quitar a los campesinos los bienes que ellos producían... sin ninguna retribución económica, y que debía usarse el terror autoritario a ultranza.[287]

Todos los campesinos que se resistieron fueron tratados con violencia; sus propiedades fueron confiscadas, fueron golpeados o enviados al exilio... muchos fueron asesinados. Este proceso, conocido como "la liquidación de los kulaks"... afectó a cinco millones de familias de kulaks.[288]

La gente rusa común carecía de alimentos y vivienda inadecuados, estaba sujeta a racionamientos prolongados... y se vio reducida a vivir, con su familia, en habitaciones individuales o incluso, en muchos casos, a una esquina de una habitación individual que compartía con otras familias. Los gobernantes privilegiados y sus favoritos tenían lo mejor, incluyendo alimento y vino, podían usar villas en el campo para pasar sus vacaciones... podían usar vehículos oficiales en la ciudad, tenían el derecho de vivir en antiguos palacios y mansiones zaristas.[289]

A medida que aumentaron el descontento público y las tensiones sociales... creció el espionaje, las purgas, la tortura y el asesinato aumentó fuera de toda proporción... A mitad de la década de 1930, ni una familia quedó incólume... ante la búsqueda de "saboteadores" y "enemigos del Estado". **Cientos de miles fueron asesinados**, con frecuencia bajo acusaciones completamente falsas, mientras que millones eran detenidos y exiliados a Siberia o se los

---

[287] Tragedy and Hope, página 396
[288] Tragedy and Hope, página 398
[289] *Tragedy and Hope*, página 401

encerraba en enormes campos de trabajos forzados. En estos campos, en condiciones de semiinanición y de crueldad increíble, trabajaban millones... Las estimaciones del número de personas (anteriores a 1941) varían desde un mínimo de dos millones hasta un máximo de veinte millones. **La mayoría de estos prisioneros no había hecho nada**... [ellos] eran familiares, conocidos y amigos de las personas que habían sido detenidas por cargos más graves. Muchos de estos cargos eran completamente falsos, y se habían inventado para proporcionar mano de obra a las zonas remotas, cabezas de turco de la inoperancia administrativa, y para eliminar posibles rivales en el control del sistema soviético.[290]

Carr no sólo admiraba la mayor *igualdad social* que los ciudadanos disfrutaban bajo el régimen soviético, declaraba que "China estaba mucho mejor bajo la dirección de Mao Zedong..."[291]. Mao, por supuesto, era el monstruo más exitoso de la Red. Asesinó entre dieciocho millones y treinta y dos millones de seres humanos durante su colectivista *Gran Salto Adelante.* ("La coacción, el terror y la violencia sistemática fueron la base misma del Gran Salto Adelante" y "provocó una de las matanzas más mortales en la historia de la humanidad".[292])

No hace falta decir, Carr apoyó con entusiasmo el proyecto empoderamiento-Hitler. Alemania bajo Hitler, Rusia bajo los bolcheviques y Stalin, la China de Mao -todos comparten la característica que sustenta la filosofía política de los realistas: la fuerza da la razón.

Nota al margen: Todo sistema político que subordina los derechos del individuo a algún "bien mayor", como el

---

[290] *Tragedy and Hope*, página 402
[291] http://en.wikipedia.org/wiki/EH_Carr
[292] http://en.wikipedia.org/wiki/Great_leap_forward

colectivo es irresistible para un realista. Esto es así porque no sólo les da el poder a los realistas, sino que además oculta su toma del poder (y su hipocresía flagrante) en el proceso. Considere lo absurda que es la siguiente estrategia: al condenar fuertemente el egoísmo del *individuo* nefasto, y alabando la virtud desinteresada de los llamados *colectivos*, los realistas pueden construir un sistema que (lejos de ser administrado por o estar en beneficio de la *colectividad*), transfiere un poder casi absoluto a un puñado de los *individuos* más deshonestos, egoístas y nefastos que el realismo puede generar.

Mientras Carr pasaba por alto los horrores del marxismo, el nazismo y el maoísmo, patrocinados por la Red, continuaba denunciando con entusiasmo las injusticias del individualismo en el mundo occidental. Entonces, ¿qué estaba tramando? Carr sufría de un caso incurable de incoherencia intelectual, o él era un practicante muy atrevido de la Realpolitik... o tal vez un poco de ambos. Lo que es cierto es que, si renunciamos a nuestros derechos "políticos" individuales, tal como hombres como Carr quieren que hagamos, de buena gana la Red construirá "las bases de un nuevo orden internacional" bajo el que tendremos que vivir. Sus miembros podrán cumplir su promesa de larga historia de "igualdad social" para todos. Entonces, finalmente podremos vivir en un mundo donde todo el mundo será *igualmente* incapaz de oponerse a sus conspiraciones sociópatas.

Un Pretexto para Cada Política

Hablando de conspiraciones sociópatas, la Operación Gladio demuestra hasta qué punto los realistas de la Red podían llegar para subvertir el proceso democrático en Europa. Usando la amenaza del comunismo (que ellos hicieron crecer), y los ataques terroristas (que facilitaron), estos profesionales de la Realpolitik manipularon con éxito a todos los involucrados: los agentes de Gladio, los ciudadanos, el gobierno y los medios de comunicación. Para resumir:

En primer lugar, la Red reclutó a un puñado de nazis, terroristas y otros delincuentes peligrosos[293] y les dijo que, para ayudar a combatir el comunismo, se les brindaría armas, pagos y protección, porque operarían por encima de la ley. Estos agentes de Gladio procedieron a cometer actos de terrorismo contra personas inocentes, que, como era previsible, llevaron a los ciudadanos a "recurrir al Estado" para obtener mayor seguridad. Sin saber sobre Gladio, funcionarios públicos y periodistas bien intencionados aceptaron y repitieron la mentira de que los comunistas estaban detrás de los asesinatos. Esta mentira, respaldada por el miedo y la indignación pública, se utilizó para aumentar el poder del Estado y reprimir a los individuos identificados como comunistas o simpatizantes comunistas. (Cualquier político, ciudadano o grupo de personas que desafiara el programa de la Red podía fácilmente ser difamado con estas etiquetas).

En cada paso del camino, la "amenaza comunista" proporcionó un pretexto único para el descarado ataque global de la Red a la soberanía nacional. Si no hubiera existido esta amenaza, habrían necesitado crearla.

Desafortunadamente, esta táctica de *crear* pretextos bajo la forma de un enemigo, una crisis o un ataque (o todo lo anterior) sigue siendo muy eficaz. Es poco probable que la gente común para sospeche, y mucho menos acuse "a su propio gobierno" de hacer algo tan vil. No sólo porque supera los límites socialmente aceptables de desconfianza, sino porque la verdad, en un inicio, es psicológicamente

---

[293] Para conocer la galería de villanos de personajes contratados y empleados por la CIA y la OTAN durante Gladio lea *NATO's Secret Armies*.

intolerable. Pero es necesario superar estas barreras mentales. Si no, los *realistas* al interior de la Red seguirán empleando banderas falsas y otros engaños similares. Ellos continuarán haciéndolo por la sencilla razón de que estas tácticas *funcionan*.

Para terminar, vamos a ampliar esta idea de *crear* pretextos, empezando por el punto de vista de Henry Kissinger en este asunto.

Peones en el Gran Juego

El "elefante" Estados Unidos no tiene ninguna utilidad para la Red si el pueblo estadounidense, tradicionalmente "aislacionista", tiene el control sobre ese elefante. Lamentablemente, los estadounidenses aún tienen que darse cuenta de que *lo que quieren* es secundario en importancia a lo que la Red decide que deberían tener, y esto es especialmente cierto cuando se trata de la guerra. Si miramos atrás, desde Vietnam hasta la Segunda Guerra Mundial y después a la Primera Guerra Mundial, esto queda sobradamente claro. (En cada caso, se le mintió al pueblo estadounidense. Se le dijo lo que *quería oír*, mientras las autoridades conspiraban en secreto en su contra).

Comenzando con Vietnam, Kissinger reconoce que el pretexto para haber enviado cincuenta y cinco mil estadounidenses a su muerte (el "ataque" del Golfo de Tonkín) no se basó en "una presentación completa de los hechos". Sin embargo, minimiza la importancia del engaño diciendo que realmente no era "un factor importante en el compromiso que tenía los Estados Unidos con el combate por tierra en Vietnam". Mientras que el presidente Johnson le aseguró al pueblo que no buscaba ampliar la guerra,[294] era verdad exactamente lo contrario. Las autoridades ya

---

[294] http://en.wikipedia.org/wiki/Gulf_of_Tonkin_Resolution

habían decidido contra de los deseos del electorado, y, de una u otra manera, esa decisión nos hubiera conducido a una guerra total.[295]

Ray McGovern, ex analista de la CIA y luego un duro crítico de la agencia, describió de esta manera la escalada de la guerra en Vietnam:

> Durante el verano de 1964, el presidente Johnson y el Estado Mayor Conjunto estaban impacientes por ampliar la guerra en Vietnam. Intensificaron las operaciones de sabotaje y de ataque y fuga en la costa de Vietnam del Norte.
>
> Quienes estábamos en inteligencia, por no mencionar al presidente Lyndon Johnson, al secretario de Defensa, Robert McNamara, y al asesor de Seguridad Nacional McGeorge Bundy, sabíamos muy bien que la evidencia de un ataque armado en la noche del 4 de agosto de 1964, el llamado "segundo" incidente del Golfo de Tonkín era sumamente discutible. Pero encajaba en los propósitos del presidente, por lo que le dieron una mano para facilitar la escalada de la guerra.
>
> En palabras de Bamford, el Estado Mayor Conjunto se había convertido en "una cloaca de engaño," con la Operación Northwoods y otras aventuras sin escrúpulos en su haber. El entonces subsecretario de Estado George Ball, comentó: "Había una sensación de que, si el destructor se metía en algún problema, tendríamos la provocación que estábamos necesitando".[296]

---

[295] *Diplomacy*, páginas 658 y 659
[296] http://www.antiwar.com/mcgovern/?articleid=12207

Aquí tenemos dos conceptos con los que, a estas alturas, debemos estar familiarizados: uno, la táctica de culpar de un ataque inexistente a un enemigo y usarlo como pretexto, y, dos, provocar un *ataque* real y *usarlo* como pretexto. Aunque Kissinger acusa falsamente a los títeres que aprobaron estas tácticas de manipulación, al menos admite que son reales. Para defender el pretexto engañoso de Johnson para invadir Vietnam, Kissinger informa a sus lectores que FDR hizo lo mismo durante la Segunda Guerra Mundial:

> Ni las tácticas ni la franqueza de Johnson fueron significativamente diferentes de las que desplegó Franklin Delano Roosevelt cuando empujó a los Estados Unidos a participar en la Segunda Guerra Mundial: por ejemplo, el informe que brindó Roosevelt del torpedeo del destructor *Greer* no era del todo sincero, el pretexto para involucrar a los Estados Unidos en una guerra naval en el Atlántico... **Ambos presidentes estaban listos para poner las fuerzas militares de su país en peligro y para responder si sufrían algún daño, como era probable que sucedería. En todo caso, la decisión final de entrar en la guerra se basó en consideraciones que excedían los incidentes inmediatos.**[297]

En cuanto al *Greer*,[298] al ordenar a los buques de los Estados Unidos que le informaran a la Armada británica[299] sobre la posición de los submarinos alemanes, Roosevelt había convertido el choque en algo "inevitable". El *Greer*, el día que fue atacado,

---

[297] *Diplomacy*, página 659
[298] http://en.wikipedia.org/wiki/USS_Greer_(DD-145)
[299] Diplomacy, 392

había pasado horas persiguiendo e informando la ubicación de un submarino del Eje mientras, desde el aire, los británicos dejaban caer cargas de profundidad. Esta persecución continuó durante casi tres horas y treinta minutos antes de que el submarino lanzara su primer torpedo. El Greer continuó su persecución por otras cinco horas, dejando caer también cargas de profundidad, antes de continuar su curso programado.

De inmediato, Roosevelt informó al público del ataque con torpedos, pero no mencionó las circunstancias que lo precedieron.[300] En su lugar, deshonestamente, presentó el incidente como un "acto de piratería" no provocado y lo utilizó como pretexto para una política nueva y radical de "disparar sin previo aviso". Esto, en las propias palabras de Kissinger, "cruzó la línea de la beligerancia". Bajo esta política, se debía disparar a todo submarino del Eje, hubiera atacado o no un barco estadounidense, como si en *realidad lo hubiera* atacado.[301] Aunque no había sido declarada y, en forma limitada, esencialmente esta decisión puso a los Estados Unidos en guerra contra las potencias del Eje.

Pero nunca fue el objetivo una guerra *limitada*. La Red buscaba arrastrar totalmente a los Estados Unidos a la Segunda Guerra Mundial, independientemente del deseo del pueblo estadounidense de permanecer neutral. Y si bien el ataque al *Greer* movió a la política estadounidense y a la opinión de Estados Unidos en la dirección "correcta", el devastador ataque a Pearl Harbor selló el acuerdo.

Sobre este tema, Kissinger es un poco más cauteloso para describir la disposición de FDR a poner "en peligro" naves y personal militar de los EE.UU. Por ejemplo, no menciona el memorándum McCollum, que recomienda "un curso de acción de ocho partes para los Estados

---

[300] El audio del discurso informal de FDR sobre el *Greer* está disponible aquí: http://youtu.be/fUWJX-j1xws

[301] http://en.wikipedia.org/wiki/USS_Greer_(DD-145)

Unidos" con el fin de provocar a Japón a "cometer un acto abierto de guerra".[302] Sin embargo, sí menciona algunas de las" presiones" (descritas en el memorándum McCollum) que se ejercieron sobre Japón antes del ataque a Pearl Harbor. Además, se hace alusión a la provocación cuando dice "pocos entendieron *la naturaleza de la diplomacia* que había precedido al ataque de Japón a Pearl Harbor... Por la magnitud del aislacionismo profundamente arraigado en los Estados Unidos, **se necesitó realizar el bombardeo en Pearl Harbor** antes de que pudiera entrar a la guerra en el Pacífico".[303]

Las reiteradas garantías brindadas por FDR al pueblo estadounidense de que la nación se mantendría fuera de la guerra no fueron más que un ejemplo de política doble. Kissinger elogia la astucia de FDR cuando escribe:

> La entrada de los Estados Unidos a la guerra marcó la culminación de la extraordinaria empresa diplomática de un líder grandioso y atrevido. En menos de tres años, Roosevelt había llevado a su pueblo incondicionalmente aislacionista a una guerra mundial... Con paciencia, inexorablemente, Roosevelt había logrado su objetivo, informando paso a paso a su pueblo sobre las necesidades que enfrentaban... Con el inicio de las hostilidades, las potencias del Eje habían resuelto el persistente dilema de Roosevelt de cómo llevar al pueblo estadounidense a la guerra.[304]

Para ser claros, es un poco falaz la declaración de Kissinger. En realidad, no fue FDR quien condujo firmemente al "aislacionista" pueblo estadounidense a la

---

[302] http://en.wikipedia.org/wiki/McCollum_memo
[303] *Diplomacy,* página 393
[304] *Diplomacy,* páginas 392, 393

Segunda Guerra Mundial. Ese crédito le pertenece más apropiadamente a la Red. FDR, como todos los presidentes después de Woodrow Wilson, servía a un poder mucho más grande que él. No era más que la cara pública de la política global de la Red.

Después de haber revisado los pretextos de Vietnam y la Segunda Guerra Mundial, llegamos al "ataque sorpresa" del barco de pasajeros *Lusitania* que sirvió de pretexto para la entrada de los Estados Unidos a la Primera Guerra Mundial.

Hundir el *Lusitania*

Recuerde del capítulo 6 que, justo antes de la Primera Guerra Mundial, la Red llegó a la conclusión de que la guerra es la forma más efectiva de "alterar la vida de todo un pueblo". Aunque el escenario de la Primera Guerra Mundial ya estaba puesto, las tendencias firmemente aislacionistas de los Estados Unidos planteaban un problema. Para superar este problema, la Red se dispuso a ganar "el control del Departamento de Estado" y la "maquinaria diplomática" de los Estados Unidos. Lo logró llevando a Woodrow Wilson al poder en 1913. Más exactamente, la Red lo logró llevando al *asesor* de Wilson, Mandell House, al poder. Como señala el biógrafo de House: "House quien seleccionó a los miembros del gabinete, formuló las primeras políticas de la Administración y *prácticamente* dirigió las relaciones exteriores de los Estados Unidos".[305] (Si investiga un poco sobre Mandell House, pronto podrá darse cuenta de que la palabra "prácticamente" no tiene cabida en la frase anterior).

Después de que todas las personas y los instrumentos adecuados estuvieron en su lugar (incluidos los dos mecanismos de financiación de nueva creación de la

---

[305] Como es citado en *The Creature from Jekyll Island*, página 240

Red[306]), una sociedad secreta conocida como la Mano Negra entró en escena. En junio de 1914, ordenó el asesinato del archiduque Francisco Fernando y, un mes después, había iniciado la Primera Guerra Mundial.[307] A partir de ese punto, quedaban claros los pasos finales: maximizar la duración y los costos de la guerra, arrastrar a los Estados Unidos al conflicto por cualquier medio posible, y luego permitir que el títere cuidadosamente elegido (Wilson) vendiera "su" visión de un Nuevo Orden Mundial.

El primer problema que enfrentó la Red era asegurarse de que la guerra no terminara demasiado rápido. Ya en febrero de 1915, Wilson hablaba de "paz", lo que amenazaba con acabar con las hostilidades. Lo que es peor, para fomentar el diálogo entre las naciones en guerra, el presidente Wilson envió a Mandell House a Londres y le dio instrucciones para que "lleve... la profunda esperanza del Presidente de que la guerra termine rápidamente". Sin embargo, durante su viaje, House transmitió exactamente lo *contrario* a la opinión del presidente. En su reunión en Londres con Sir Edward Grey, House le aseguró a Grey que no tenía "ninguna intención de forzar el tema de la paz"[308] y, así, intencionadamente socavó cualquier perspectiva de mediación. El Profesor Knock nos informa que:

> En ciertos casos críticos, "Phillip Dru" parecía dominar a [House]. Su declaración a Grey no refleja exactamente la posición de Wilson. Por el contrario,

---

[306] El Sistema de Reserva Federal y el impuesto federal sobre la renta
[307] "La Mano Negra entrenó a guerrilleros y saboteadores y planificó asesinatos políticos". El Comité Ejecutivo de la Mano Negra fue dirigido, más o menos, por Coronel Dragutin Dimitrijevi ". Referencia: https://en.wikipedia.org/wiki/Black_Hand_(Serbia) "Cuando Dragutin Dimitrijevi oyó que el archiduque Francisco Fernando tenía la intención de visitar Sarajevo en junio de 1914, envió a tres miembros del grupo Bosnia Joven... para asesinarlo. En este momento, Dimitrijevi era el Jefe de Inteligencia Militar de Serbia". Referencia: http://en.wikipedia.org/wiki/Dragutin_Dimitrjevic_Apis
[308] *To End All Wars*, páginas 45, 46

a menudo House expresaba descaradamente simpatías en pro de los aliados... y creía firmemente que la base para la futura paz residía en una entente angloestadounidense. Nunca le informó con precisión a Wilson sobre esta parte de su conversación con Grey; si bien se ganaba así la confianza del ministro de Asuntos Exteriores, es obvio que no cumplía muy bien con su propio jefe.[309]

House pudo haber demostrado su lealtad a Edward Grey (un miembro imperialista de la Red), pero esta maniobra diplomática en particular no era suficiente para garantizar la continuación de las hostilidades, y mucho menos para asegurar que los Estados Unidos entraran a la guerra. Para ello, se necesitaba manipular al pueblo. Incluso, algunos necesitarían "ponerse en peligro". Y aquí es donde el "barco de pasajeros" británico *Lusitania* entra en escena.

No tenemos suficiente espacio aquí para contar la historia completa, pero baste con decir que el caso del *Lusitania* fue un "asunto muy sucio".[310] Consideremos el siguiente breve resumen. Para una explicación más a fondo, le recomiendo leer el capítulo 12 de *The Creature from Jekyll Island*.

Vamos a empezar con el hecho de que, aunque el *Lusitania* era un buque de pasajeros de lujo, el Ministerio de marina británico había bosquejado su diseño. Esto les permitió a los británicos convertirlo fácilmente en un buque de guerra. En 1913, después de añadir blindajes y algunas otras modificaciones, los británicos hicieron precisamente eso. Sin el conocimiento de sus pasajeros, se introdujo el

---

[309] To End All Wars, página 46
[310] Lord Mersey se encargó de establecer los hechos que rodearon al hundimiento del *Lusitania*. Bajo presión, emitió el informe que se esperaba de él, pero se negó a recibir una retribución y pidió que ya no se lo invitara a "administrar la justicia de Su Majestad". Su declaración final sobre el asunto fue".: "El caso *Lusitania* era un asunto muy sucio" (citado en *The Creature from Jekyll Island*, página 255).

buque en el registro de la flota del Almirantazgo como *crucero auxiliar armado*. A pesar de la "neutralidad" de los Estados Unidos y el riesgo para las personas a bordo:

> El *Lusitania* se convirtió en uno de los transportes más importantes, desde los Estados Unidos a Inglaterra, de materiales para la guerra, incluyendo municiones... el 8 de marzo 1915... el capitán del *Lusitania* presentó su renuncia... ya no estaba dispuesto a "asumir la responsabilidad de mezclar pasajeros con municiones".[311]

A diferencia del capitán del *Lusitania*, Winston Churchill no tenía absolutamente ningún problema en mezclar pasajeros con municiones. De hecho, esta mezcla descuidada de pasajeros, especialmente pasajeros *estadounidenses*, con material de guerra podría resultar muy útil políticamente. Por ejemplo, en el caso de que los alemanes atacaran un "barco de pasajeros" con hombres, mujeres y niños a bordo -hombres, mujeres y niños estadounidenses-, habría un efecto beneficioso sobre la opinión pública estadounidense, que sería rápido y unánime. Después de un puñado de condenas del gobierno y una campaña mediática bien orquestada, sería fácil avergonzar y callar a los aislacionistas mientras los Estados Unidos avanzara hacia la guerra.

Al igual que la política de FDR con el *Greer*, las órdenes de Churchill (cargar municiones en barcos de pasajeros) permitieron que fuera inevitable un choque en el mar. Pero ésta no fue la única forma de provocar un ataque políticamente útil. Para aumentar la probabilidad de tener víctimas civiles inocentes, Churchill ordenó a los buques mercantes británicos embestir a los submarinos alemanes si intentaban pararlos para buscar contrabando. Así, le fue

---

[311] *The Creature from Jekyll Island*, páginas 247, 248

imposible para Alemania respetar las reglas de crucero de larga data. (Bajo las reglas de crucero, *no se podría* hundir a un buque mercante desarmado hasta que la tripulación y los pasajeros fueran evacuados del barco). Con la nueva política de Churchill, los submarinos alemanes ya no podían salir a la superficie, aumentando las probabilidades de que hundieran barcos sin previo aviso. Como lo demuestra la siguiente cita de Churchill, ésa fue su intención desde el principio.

> El primer contraataque británico, realizado bajo mi responsabilidad... tenía el propósito de disuadir a los alemanes de atacar en la superficie. Cada vez más, el submarino sumergido se vio obligado a atacar bajo el agua y, por lo tanto, **corría un mayor riesgo de confundir los barcos neutrales por británicos y de ahogar a las tripulaciones neutrales y por lo tanto implicar a Alemania con otras Grandes Potencias.**[312]

Y, sin embargo, incluso estas medidas no fueron suficientes para provocar la desaparición del *Lusitania*. No fue sino hasta que enviaran intencionalmente el barco a aguas hostiles, a una velocidad reducida y sin su escolta militar, que Churchill, y la Red a la que servía, amarraron su pretexto. Griffin escribe:

> En la sala de mapas del Almirantazgo británico, Churchill observó con frialdad cómo se desarrollaba la jugada y tuvo la última palabra. Pequeños discos marcaban los lugares donde los dos barcos habían sido torpedeados el día anterior. Un círculo indicaba la zona en la que el submarino todavía podía estar

---

[312] Como es citado en *The Creature from Jekyll Island*, página 249

accionando. Un disco más grande representaba el *Lusitania* navegando a diecinueve nudos directamente hacia el círculo... el comandante Joseph Kenworthy, quien había sido previamente convocado por Churchill para que presentara un documento sobre los posibles resultados políticos de hundir un trasatlántico con pasajeros estadounidenses a bordo... asqueado, abandonó la sala.

En ese momento, el Coronel House estaba en Inglaterra y, el día del hundimiento... Sir Edward Grey le preguntó: "¿Qué harán los Estados Unidos si los alemanes hunden un trasatlántico con pasajeros estadounidenses a bordo" Como consta en el diario de House, él respondió: "Le dije que, si se hacía eso, una llama de indignación se extendería por los Estados Unidos, lo que, probablemente, nos llevaría a la guerra".... El Rey Jorge también sacó el tema y fue aún más específico acerca del posible objetivo. Él preguntó: "¿Supongamos que hunden el *Lusitania* con los pasajeros estadounidenses a bordo...?"[313]

Aproximadamente cuatro horas más tarde, un torpedo envió al *Lusitania* al fondo del mar. De sus 1.959 pasajeros, 1.198 perdieron la vida. Fueron asesinados casi la totalidad de los ciudadanos estadounidenses a bordo (128 de 139).[314] Como era de esperar, inmediatamente, House aprovechó la oportunidad para avivar la "llama de la indignación", mientras que, cínicamente, recurría a las implicaciones *morales* de que los Estados Unidos mantuviera su neutralidad.

---

[313] *The Creature from Jekyll Island*, página 253
[314] http://en.wikipedia.org/wiki/Rms_lusitania

Desde Inglaterra, el Coronel House envió un telegrama al presidente Wilson... que se convirtió en el origen de miles de editoriales de los periódicos a lo ancho de todo el país. Dijo piadosamente:

"Estados Unidos ha llegado a un cruce de caminos, y debe determinar si apoya la guerra civilizada o la guerra no civilizada. Ya no podemos continuar como espectadores neutrales. Nuestra acción en esta crisis determinará... hasta qué punto podemos influir en una solución duradera para el bien de la humanidad... la humanidad está evaluando nuestra posición entre las naciones".

En otro telegrama dos días más tarde, House se revela como el principal psico-político sacando provecho del ego de Wilson como un violinista acariciando las cuerdas de un Stradivarius. Escribió:

"Si, desafortunadamente, fuera necesario ir a la guerra, espero que usted pueda demostrarle al mundo la capacidad y la eficiencia de los Estados Unidos, lo que brindará una lección por uno o más siglos. Por lo general, en toda Europa creen que estamos muy poco preparados... que nuestra entrada no cambiará nada... En el caso de guerra, debemos acelerar la fabricación de municiones para poder proveer no sólo a nosotros, sino también a los aliados, tan rápidamente que el mundo quedaría asombrado".[315]

En cuanto a los esfuerzos de propaganda en el extranjero, Quigley agrega:

Las agencias de propaganda... aprovecharon al máximo la ocasión. *The Times* de Londres anunció

---

[315] *The Creature from Jekyll Island*, página 257

que "las cuatro quintas partes de sus pasajeros eran ciudadanos de los Estados Unidos"... los británicos *fabricaron* y distribuyeron una medalla que decían que, supuestamente, el gobierno alemán le había otorgado a la tripulación del submarino; un periódico francés publicó una imagen de las multitudes en Berlín durante el estallido de la guerra en 1914 como una imagen de los alemanes "celebrando" por la noticia del hundimiento del *Lusitania*.[316]

El final de esta historia no tiene ninguna sorpresa. Menos de un año después, en cooperación con House y Sir Edward Grey, el Presidente Wilson aprobó el plan que arrastraría a los Estados Unidos a la Primera Guerra Mundial.[317] El presidente lo hizo sin que el Senado de los Estados Unidos y, por supuesto, la población estadounidense tuviera conocimiento de ello. A continuación, procedió a hacer campaña para su reelección bajo el lema "Él Nos Mantuvo Fuera de la Guerra", esperando pacientemente hasta que su segundo mandato quedara asegurado para entrar a la Primera Guerra Mundial en abril de 1917.

No bien Wilson declaró la guerra, grandes cantidades de dinero comenzaron a fluir a las arcas de la Red. Ajustado por inflación, el costo total para los Estados Unidos desde 1917 hasta 1919 equivaldría a más de $ 500 mil millones de la actualidad. Esta "guerra para acabar con todas las guerras" no sólo enterró a los Estados Unidos en deuda, sino también aumentó el poder financiero de la Red de forma

---

[316] *Tragedy and Hope*, página 251
[317] De la página 242 de *The Creature from Jekyll Island*: "Los términos básicos del acuerdo fueron que el gobierno de los Estados Unidos se ofrecería para negociar una solución pacífica entre Alemania y los aliados... Si cualquiera de los lados se negaba a aceptar la propuesta, entonces los Estados Unidos entraría en la guerra como un aliado del otro bando. El truco fue que los términos de la propuesta fueron redactados cuidadosamente para que Alemania no pudiera aceptarlos. Por lo tanto, para el mundo, se vería como si Alemania estuviera en falta y los Estados Unidos fuera un país humanitario".

directamente proporcional a la deuda.[318] Pero, además, hubo *beneficios* adicionales. Se destruyeron imperios rivales, se subvirtieron las tendencias aislacionistas de los Estados Unidos, y tomó forma el marco inicial para un nuevo orden mundial. Nada de esto ocurrió por casualidad; cada uno de los pasos fue cuidadosamente planeado para producir el resultado deseado. Y así usted puede ver cómo un puñado de hombres falsos y manipuladores puede engañar a naciones enteras y alterar la historia del mundo.

Un Siglo de Engaños, Robo y Violencia

Hemos tocado montones de temas en las páginas de este breve libro: desde los orígenes de la sociedad secreta de la Red hasta su proyecto de destrucción-soberanía y la "recuperación final de los Estados Unidos de América" en 1913[319]; del flagrante fraude de sus principales mecanismos de financiación[320] hasta su uso de dictadores despiadados, políticas dobles, y de operaciones de bandera falsa. ¿Qué puede decirse de estos hombres que han logrado tanto a costa de tantas personas? ¿Se han *ganado con justicia* el poder que poseen? ¿Nos hemos *ganado con justicia* las consecuencias de permitir que ellos nos dominan?

La Red cree que la clave para controlar el mundo reside en la implementación de la "influencia política y

---

[318] Recuerde del capítulo 6: "A medida que los pagos de la deuda se incrementaban creando déficits cada vez mayores, y que el gasto anual seguía aumentando sin cesar, se necesitaron préstamos mayores y más frecuentes para cerrar la brecha. Esto aceleró la velocidad en la que crecía la deuda nacional y, en poco tiempo, incluso las naciones poderosas se vieron totalmente dependientes de un flujo constante de nuevos fondos tomados en préstamo para cubrir sus gastos. "La Red está siempre dispuesta a suministrar esos fondos con más dinero de deuda que crean de la nada.

[319] Tomando como referencia la meta establecida por el fundador de la Red, Cecil Rhodes, como se cita en *The Anglo-American Establishment,* página 33

[320] Como se explica en el capítulo 4, los dos principales mecanismos de financiación son el Sistema de la Reserva Federal y los impuestos federales, las cuales fueron "vendidos" al público con engaños en 1913.

económica ***en secreto***" y el control secreto de "las agencias periodísticas, educativas y de propaganda".[321] Sobre la base a su impresionante lista de logros globales, ciertamente, parece como si tuvieran razón. Pero, ¿qué ocurre si se expusieran sus "influencias" y tácticas secretas para que todos las pudieran ver? ¿Podrían seguir saliéndose con la suya y sus crímenes? ¿Podrían seguir manipulándonos para entrar a guerras, enterrándonos en una deuda imprescriptible, y engañándonos para que entreguemos nuestra soberanía? La respuesta, según sus propios cálculos, es no. Cuando sea ampliamente conocido lo que están haciendo, y cómo lo están haciendo, la base sobre la cual se construye su éxito se desmoronará frente a ellos.

Afortunadamente, esto significa que el trabajo más importante que podemos hacer es también *el más fácil*. En la medida en que expongamos el origen y el propósito de sus instrumentos, sus clásicas tácticas de manipulación, y su creencia inmoral que *sólo el poder* decide lo que está bien, destruiremos la ilusión de legitimidad de la que dependen. "En tanto estemos tengamos y difundamos conocimiento, ellos (por defecto) están perdiendo poder".[322] Hay que empezar aquí. Este es el primer paso hacia la destrucción de su sistema. Así que, por favor,

> Habitualmente, póngase en contacto con nuevas personas y comparta información que exponga qué es y cómo funciona la Red. Cuando se encuentre con personas que, o bien se niegan a mirar los hechos, o minimizan la importancia de lo que les está presentado, no lo tome como algo personal. Si lo atacan, no lo tome como algo personal. En la mayoría de los casos, simplemente están defendiendo

---

[321] The Anglo-American Establishment, página 49
[322] http://joeplummer.com/we_have_the_advantage.html

su visión del mundo… eso no tiene nada que ver con usted. Simplemente siga adelante y sepa que cada persona que se exponga a esta información, incluso quienes inicialmente se resistieron, más adelante, podrían convertirse en aliados. No puede decirse lo mismo de quienes nunca se han expuesto a la verdad.[323]

---

[323] *Tragedy and Hope 101*, capítulo 5, Solución #1

Pensamientos Finales

En mayo de 2012 empecé a seleccionar y organizar el material de referencia para escribir este libro. Después de estar reduciendo mis opciones durante un par de meses, llegué a una conclusión razonablemente deprimente: no había absolutamente ninguna manera de que pudiera condensar adecuadamente el trabajo de Quigley en sólo un par de cientos de páginas, y mucho menos condensar la depravación coordinada por la Red que ha sido expuesta en docenas de otros excelentes libros[324] que quería cubrir.

Hacia agosto del 2012, parecía que había estallado una bomba en nuestra casa; había apuntes y libros esparcidos por todas partes, y entre pedazos de papel había innumerables esquemas abandonados. Sin tener idea de por dónde empezar, y pensando en las miles de horas de trabajo adicional, estuve a punto de hacerlo a un lado. Me había convencido de que mi mejor esfuerzo se había quedado corto, así que ¿por qué molestarse? Irónicamente, uno de los muchos temas que sabía que no podría cubrir adecuadamente, y que se resumía en un par de frases que había garabateado en una hoja de papel, empezó a conducirme (psicológicamente) de regreso en la dirección correcta:

---

[324] Vea la lista de "lecturas recomendadas" en la última página

¿Cuántos de nosotros no hacemos *nada* porque sentimos que no podemos hacer lo suficiente?

¿Cuánto "más que lo suficiente" se podría hacer si todos simplemente hiciéramos *algo*?

Estas dos frases me llevaron a reconsiderar la razón para escribir este libro. ¿Y qué si no podía resumir "adecuadamente" todo el material que quería cubrir? Incluso un resumen *inadecuado* sería mejor que no escribir ningún resumen. Y, ¿todo esto realmente tenía ver con cómo poder escribir una versión condensada de un libro de historia de mil trescientas páginas?, ¿o era más sobre cómo protegerme a mí y a los demás de hombres que creen que "no hay una dimensión moral... que lo que tiene éxito está correcto"? Estaba claro que la última era la respuesta correcta, y fue lo que finalmente me llevó a seguir adelante: un ardiente deseo de exponer y debilitar a la clase dominante criminal.

En este punto, sólo puedo esperar que usted comparta mi deseo y sienta que la información que ha leído aquí es útil. Si es así, le pediría que **conduzca a la gente a la versión *gratuita* de este texto en línea disponible en TragedyAndHope. INFO**, o si usted tiene un ejemplar en papel, lo comparta con amigos y familiares. Tómese unos minutos y deje un comentario en Amazon.com y otros sitios web, o simplemente recomiende el libro en foros de mensajes si el tema es relevante para sus intereses. Nunca debe subestimar el impacto que usted puede tener cada vez que hace algo.

Por mi parte, voy a crear una sección de "material adicional" en la página web TragedyAndHope.INFO. Esto me permitirá publicar mis notas de referencia para *Tragedy and Hope*, así como mis notas para *The Anglo-American Establishment, Diplomacy, NATO's Secret Armies,* y algunos de los otros libros que aparecen en la página siguiente. Considere estas notas de referencia como una colección de datos en bruto que le ayudará a encontrar rápidamente interesante material de referencia dentro de cada libro.

También voy a proporcionar enlaces a excelentes artículos como "*The Horrifying American Roots of Nazi Eugenics*" disponible aquí http://hnn.us/article/1796. Allí, podré publicar información relacionada, como la forma en que el *gobierno* (después de un informe de política pública de 1974 dirigido por Henry Kissinger) puso en marcha un plan secreto de veinticinco años para reducir la fertilidad global[325], o la forma en que la Red, en cooperación con el "gobierno," creó maíz genéticamente modificado diseñado para esterilizar a quienes lo comieran y una vacuna "contra el tétanos", diseñada para esterilizar a todos a quienes se les aplicaba la vacuna. [326]

---

[325] Lea el National Security Study Memorandum 200, http://en.wikipedia.org/wiki/NSSM_200

[326] Parafraseando el libro de William Engdahl *Seeds of Destruction*, páginas 270-275. **Maíz espermicida**: En septiembre del 2001 Epicyte informó de que habían creado con éxito la última cosecha de maíz GMO-anticonceptivo. El 6 de octubre del 2002, CBS News informó que el Departamento de Agricultura de los Estados Unidos había financiado treinta y dos ensayos de campo, incluyendo maíz espermicida de Epicyte. Lo que no se reveló fue que el USDA también estaba proporcionando los resultados de los ensayos de campo a los científicos del Departamento de Defensa de Estados Unidos a través de uno de sus laboratorios de investigación biológica. En el breve momento de su anuncio público, que se presentó como una contribución al problema de la "sobrepoblación" del mundo, Epicyte estimó que su maíz espermicida estaría disponible en 2006 o 2007. Después del anuncio a la prensa, ya no se discutió más sobre el avance. En ningún medio de comunicación se supo nada más sobre el desarrollo. **Vacunas contra la fertilidad:** La gente de la Fundación Rockefeller, en colaboración con investigadores de la Organización Mundial de la Salud, trató de desarrollar una vacuna de doble impacto. A principios de 1990, según un informe del Instituto Global de Vacunas, la Organización Mundial de la Salud supervisó campañas masivas de vacunación contra el tétanos en Nicaragua, México y Filipinas. En numerosos viales de la vacuna, probados bajo sospecha, se encontró que contenían hCG, el que, cuando se combina con un vehículo de toxoide del tétanos, hace que las mujeres sean incapaces de conservar un embarazo. Además, curiosamente, esta campaña de vacunación contra el "tétanos" únicamente estuvo dirigida a las mujeres en edad fértil, entre los quince y cuarenta y cinco años. (Aparentemente, los hombres y los niños no necesitaban protección contra el tétanos). "Pro Vida investigó más y supo que la Fundación Rockefeller... el Banco Mundial, el Programa de Desarrollo de las Naciones Unidas y la Fundación Ford, y otras organizaciones habían estado trabajando durante 20 años con la Organización Mundial de la Salud para desarrollar una vacuna anti-fertilidad utilizando el hCG con la antitetánica, así como con otras vacunas". A ninguna de las mujeres que recibieron las vacunas con hCG se les dijo de las propiedades abortivas de la vacuna o su efecto a largo plazo en su capacidad para tener hijos.

Estos y otros temas eran demasiados para poder apretar entre las tapas de este libro. Por lo tanto, la sección de material adicional le ofrecerá a los lectores interesados una oportunidad para profundizar más en la larga lista de crímenes sin castigo cometidos por la Red. Y en ese sentido, si usted está listo para empezar a profundizar ahora, aquí hay sólo un puñado de libros que abordan, de una u otra manera, el poder ilegítimo de la Red. Muchos de ellos están disponibles en línea de forma gratuita. Los he ordenado por el número de páginas, del más corto al más largo.

Lecturas Recomendadas

War is a Racket, por el General de División Smedley Butler

The Law, por Frederic Bastiat

Media Control, por Noam Chomsky

Dumbing Us Down, por John Taylor Gatto

The Impact of Science on Society, por Bertrand Russell

None Dare Call it Conspiracy, por Gary Allen

Philip Dru: Administrator, por Edward Mandell House

Our Enemy the State, por Albert Jay Nock

Propaganda, por Edward Bernays

The Scientific Outlook, por Bertrand Russell

The Shadows of Power, por James Perloff

Confessions of an Economic Hitman, por John Perkins

The Fluoride Deception, por Christopher Bryson

NATO'S Secret Armies, por Daniele Ganser

A Century of War, por William Engdahl

The Case Against Fluoride, por Paul Connett, James Beck y H. Spedding Micklem

To End all Wars, por Thomas Knock

The Molecular Vision of Life, por Lily E. Kay

The Virus and the Vaccine, por Debbie Bookchin y Jim Schumacher

The Anglo-American Establishment, por Carroll Quigley

Eugenics: A Reassessment, por Richard Lynn

Seeds of Destruction, por William Engdahl

1984, por George Orwell

Blood Bankers, por James Henry

Foundations: Their Power and Influence, por Rene A. Wormser

War Against the Weak, por Edwin Black

Politics in Healing: The Suppression and Manipulation of American Medicine, por Daniel Haley

The Plutonium Files: America's Secret Medical Experiments in the Cold War, por Eileen Welsome

The Pinochet File, por Peter Kornbluh

The Creature from Jekyll Island, por G. Edward Griffin

Diplomacy, por Henry Kissinger

Tragedy and Hope, por Carroll Quigley

Milton Keynes UK
Ingram Content Group UK Ltd.
UKHW021404230924
1805UKWH00054B/752

9 798873 691258